信耶稣得救吧

信耶稣得救吧

왕초보, 외국인 친구에게
중국어로 전도하기

왕초보, 외국인 친구에게
信耶穌得救吧
중국어로 전도하기

이시몬, 김영욱 지음

TnD북스

우리가 외국어를 배워야 하는 이유

 한국 체류 외국인 200만 시대!

놀라셨죠? 몇 년 전만 해도, 길을 가다 외국인을 마주치면, '어! 외국인이다!'하며 어색한 웃음을 짓거나, 조금 용기가 있는 사람은 손을 들어 "Hello"하며 인사를 했죠? 이제 시대가 바뀌었어요. 우리보다 더 자연스럽게 한국의 거리를 다니는 외국인들을 이곳 저곳에서 만나게 됩니다.
이들 중 교회를 다니는 사람은 얼마나 될까요?
복음을 들어본 사람은 몇이나 될까요?
아직 한국말이 서투른 외국 사람들과 친구가 되어 보세요. 그리고 그들에게 외국어로 복음을 전해 보세요. 해외여행을 위한 외국어 공부는 잠시 멈추고, 우리가 외국어를 공부해야 하는 너무나도 즐거운 또 다른 이유를 만들어 보세요. 서툴고 굴러가지 않는 혀로 어렵게 말한 나의 외국어 한마디로 인해 하나님이 기뻐하실 거예요.

세상 문화가 아닌, 신앙 문화를 통해 외국어를 배우고 말하자!

언어는 문화와 역사를 전달하는 수단이에요. 한국어는 한국의 문화와 역사를, 중국어는 중국의 문화와 역사를, 일본어는 일본의 문화와 역사를 담아서 전달해요. 그리고 개개인이 사용하는 언어는 그 사람의 관심사와 성향과 인생을 말해 주는 통로예요. 이를테면 내가 자주 사용하는 표현들과 단어들과 주제들이 내가 어떤 사람인지를 말해 주죠.

그렇다면 하나님을 믿는 크리스천의 입에서는 기독교의 문화가 담긴 언어가 나와야 하지 않을까요? 신앙생활과 예배생활, 교회생활, 성경말씀이 담긴 신앙 언어로 외국어를 배워 보세요. 드라마, 영화, 팝송과 같은 세상 문화를 통해 외국어 배우기를 잠시 멈추고, 신앙 문화를 통해 외국어를 배워 보세요.

중국어 발음
성조

중국어 발음에는 음 높이의 변화가 있는 성조가 있어요. 네 가지 기본 성조의 높낮이 표기는 다음과 같아요.

1성

2성

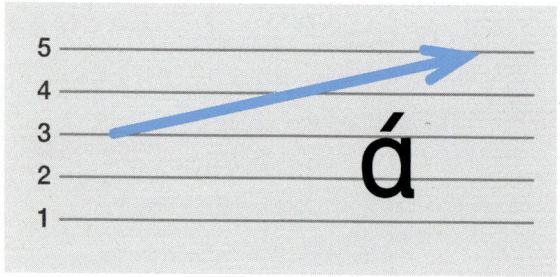

MP3와 함께 따라해 보세요.

3성

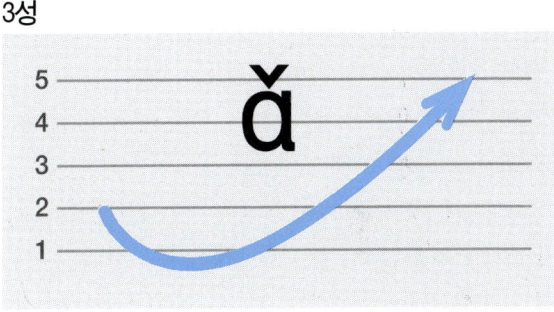

4성

중국은 어떤 나라일까?

 오성홍기

붉은 색 바탕에 다섯 개의 노란 별이 있는 중국의 국기 오성홍기는 1949년 9월 27일 국기로 선정되어서 10월 1일에 제정되었어요. 붉은 색은 '혁명'을 상징하는 전통적인 색으로 중국인들이 가장 좋아하는 색이고, 별의 노란색은 광명과 황인종을 의미한다고 해요.
좌측 상단에 있는 다섯 개의 별 중 큰 별은 중국공산당을 상징해요. 중화인민공화국이 탄생할 당시 모택동이 인민을 노동자, 농민, 도시소자본, 민족자산 계급으로 분류했었는데, 네 개의 작은 별은 이 네 계급의 인민을 상징해요.

 교육

중국은 9월에 신학기가 시작해요. 그리고 초등학교 6년과 초급중학교 3년, 총 9년이 의무교육 과정이에요. 고급중학교 3년 과정은 시험을 통해서 들어갈 수 있는데, 합격률은 그리 높지 않은 편이에요. 2016년 기준 북경의 24.57%, 상해의 22.4% 초급중학교 학생이 고급중학교에 진학했어요. 내륙지역은 6%정도로 진학률이 저조했어요. 대학에 진학하려면 고급중학교를 졸업해야 하는데, 그렇지 못한 학생들은 직업고등학교 등 기술학교에 들어가거나 검정고시를 통해 대학 진학을 할 수 있어요. 유명한 대학교로는 북경대학교, 청화대학교, 인민대학교, 복단대학교 등이 있다.

 교통

중국 사람들은 대중교통으로 기차를 주로 이용하는데, 땅이 넓다보니 어떤 지역은 30시간 이상 걸리기도 해요. 버스 요금은 1위안(약 165원)으로 저렴하고, 에어컨이 나오는 버스는 2위안을 받기도 해요. 택시비는 9-13위안 정도인데, 대도시일수록 요금이 비싸요.

중국에는 다양한 종류의 불법적인 교통수단이 있는데, 대표적인 것이 흑차예요. 흑차는 일반차량을 이용한 택시로, 길거리 곳곳에서 호객활동을 해요. 홍정을 통해 요금을 결

중국은 어떤 나라일까?

정하는데, 일반적으로 왕복요금을 요구하기 때문에 일반택시보다는 요금이 비싸요. 그런데 사고가 발생했을 때 법적 보호를 받을 수 없기 때문에, 정말 급한 경우에만 이용하는 것이 좋아요.

지하철은 중국 전역에서 활발하게 증가하고 있어요. 현재 37개성에 지하철이 있어요. 요금은 북경 기준으로 6km에 3위안이고, 거리가 멀어질수록 1위안씩 추가돼요.

최근에는 젊은 층 사이에서 공유 자전거를 많이 이용하고 있어요. 스마트폰 어플을 통해 1위안에 30분 사용할 수 있고, 목적지까지 이용 후 잠가두기만 하면 되는 시스템이에요.

 화폐

중국의 화폐는 위안(元), 지아오(角), 펀(分) 세 종류가 있어요. 1위안=10지아오=100펀이에요. 1위안은 한국 돈으로 165원 정도예요.

통용되는 지폐는 100, 50, 20, 10위안, 5, 1지아오로 총 6가지이고, 동전은 1위안, 5지아오, 1지아오가 있어요.
그런데 중국 사람들이 화폐 단위를 실제로 사용하며 말할 때는 위안을 '콰이'(块), 지아오를 '마오'(毛)라고 불러요. 고대 중국부터 사용해오던 용어를 그대로 사용하고 있기 때문이에요.
현재 '펀'단위는 거의 사라져 쓰이지 않고 있고, 5마오(5지아오)도 마트봉투 가격, 시장의 채소 값, 유료 공중화장실 정도에서 사용될 뿐이에요.
최근에는 모바일 결제인 '위챗(WeChat)페이'가 강세를 이루고 있어요. 카드나 계좌를 등록해 놓고 사용하는 것으로, 카드결제, 계좌송금 등 온오프를 가리지 않고 많이 사용되고 있어요. 바코드나 QR코드를 생성해 결제를 하거나, 판매자가 생성한 QR코드를 스캔해 결제를 하게 되는 시스템이에요.

기도로 시작해요!

하나님 아버지,
제가 중국어를 공부하는 이유를 새롭게 정하려고 합니다.
그 동안은 좋은 성적, 직장, 여행만을 위해서
중국어를 공부했었습니다.
오늘부터는 한국에 있는 중국인들에게 복음을 전하기 위해서
중국어를 공부하려고 합니다.
하나님 나라와 영광을 위한 나의 중심이
흔들리지 않도록 도와주세요.
그럼 지금부터 감사함으로
즐겁게 중국어 공부를 시작하겠습니다.
예수님 이름으로 기도합니다. 아멘.

从祷告开始

天父,
我们感谢赞美你!
我想重新定义我要学习中文的理由。
之前是为了自己得到好成绩,好工作,
好的旅行学习了中文。
从今天开始,我要为了给在韩国的中国人传福音,
去学习中文。
为了神的国和神的荣耀,求您帮助我,
不要让我的重心动摇。
从现在开始我要用感谢的心,
开始学习中文。
求您与我同在。
奉耶稣基督的名祷告。阿门!

CONTENTS

1 왕초보, 외국인 친구와 인사하기

- 01 인사하기 22
- 02 말 붙이기: 기본 표현 24
- 03 말 붙이기: 직장에서 27
- 04 말 붙이기: 학교에서 31
- 05 말 붙이기: 길에서 37
- 06 말 붙이기: 엘리베이터/계단에서 40
- 07 말 붙이기: 마트에서 43
- 08 말 붙이기: 식당에서 45
- 09 말 붙이기: 우체국에서 48
- 10 말 붙이기: 관광지에서 50
- 11 말 붙이기: 언어 가르쳐 주세요 53
- 12 말 붙이기: 임산부를 만났을 때 54
- 13 말 붙이기: 아이와 함께 있는 부모를 만났을 때 57
- 14 말 붙이기: 아픈 사람을 만났을 때 60
- 15 소개하기 63
- 16 안부 묻기 68
- 17 헤어지기 72

2 왕초보, 외국인 친구 초대하기

- 01 식사 초대하기 76
- 02 교회 초대하기 80
- 03 교회 소개하기 83
- 04 예배 시간/순서 알려 주기 87
- 05 중국어 예배 초대하기 95
- 06 초대받기/심방가기 96

3 왕초보, 외국인 친구 위로하기

- 01 신앙적 위로: 은혜, 함께하심 102
- 02 신앙적 위로: 섭리 104
- 03 신앙적 위로: 사랑, 신실하심 107
- 04 신앙적 위로: 선한 계획 111
- 05 신앙적 위로: 도우심 112
- 06 신앙적 위로: 권면 115
- 07 일상의 위로 120

4 왕초보, 외국인 친구와 기도하기

- 01 기본 표현: 같이 기도해요   126
- 02 기본 표현: 하나님 이름 부르기   128
- 03 기본 표현: 회개/감사/간구하기   130
- 04 기본 표현: 마무리   133
- 05 식사 기도   133
- 06 고향을 그리워하는 친구   135
- 07 억울한 일을 당한 친구   136
- 08 교통사고를 당한 친구   138
- 09 아픈 친구   140
- 10 병원에 입원한 친구   143
- 11 수술을 앞둔 친구   145
- 12 시험을 앞둔 친구   147
- 13 학업 중인 친구   149
- 14 면접을 앞둔 친구   150
- 15 한국문화, 한국말 어려워하는 친구   152
- 16 직장을 구하는 친구   153
- 17 직장생활로 힘들어하는 친구   155
- 18 경제적 어려움을 겪고 있는 친구   157
- 19 가정불화로 힘들어하는 친구   159
- 20 삶의 의욕을 잃은 친구   162
- 21 감사한 일이 있는 친구   165
- 22 결혼하는 친구   166

23 임신한 친구 168
24 출산을 준비 중인 친구 170
25 출산한 친구 171
26 유산한 친구 172
27 자녀 문제로 고민하는 친구 174
28 집을 방문하였을 때 176
29 이사할 집을 구하는 친구 177
30 이사하는 친구 178

5 왕초보, 외국인 친구에게 복음 전하기

01 하나님은 어떤 분이신가 182
02 인간은 어떤 존재인가 187
03 예수님 믿으세요 190
04 회개하세요 194
05 천국 소망으로 살아요 196
06 복음 전하기 상황 1: 사람은 모두 죽어요 199
07 복음 전하기 상황 2: 사는 게 힘들어요 202
08 복음 전하기 상황 3: 천국은 어떻게 가나요 206
09 복음 전하기 상황 4: 하나님은 당신을 사랑하세요 210

6 왕초보, 외국인 친구에게 마음 표현하기

01 하나님께 감사하기   214
02 고마움 표하기   215
03 축하하기   217
04 슬픔/ 조의 표하기   219
05 죽음 알리기   220
06 사과하기   221
07 용서하기   223
08 그리움 표하기   224

CHAPTER 1

왕초보, 외국인 친구와

인사하기

你好

01 인사하기

안녕!

nǐ hǎo
你好！
니하오

계세요? 여보세요!

yǒu rén zài ma
有人在吗？
여우런 짜이마

오랜만이에요.

hǎo jiǔ bú jiàn
好久不见。
하오지유 부찌엔

즐거운 주일이에요!

shì xǐ yuè de zhǔ rì
是喜悦的主日！
쓰 시웨더 주르

주님의 이름으로 환영합니다.

fèng zhǔdemíng huānyíng
奉主的名欢迎。

훵 주더밍 환잉

기쁜 부활절이에요. 예수님이 부활하셨어요!

shì xǐyuè de fùhuójié, yēsū fùhuó le
是喜悦的复活节，耶稣复活了！

쓰 시웨더 푸훠제, 예수 푸훠러

기쁜 추수감사절이에요!

xǐ yuè de qiūshōujié
喜悦的秋收节！

시웨더 치우써우제

- 종교개혁주일 宗教改革主日 [쭝쨔오 가이거 주르]
- 송구영신예배 辞旧迎新礼拜 [츠찌유 잉신 리빠이]

기쁜 성탄, 주님이 오셨어요!

xǐ yuè de shèngdàn, zhǔ lái le
喜悦的圣诞，主来了！

시웨더 썽딴, 주라이러

02 말 붙이기: 기본 표현

실례합니다.

dǎrǎo yíxià
打扰一下。

다라오이쌰

도와드릴까요?

nǐ xūyào bāngzhùma
你需要帮助吗?

니 쉬야오 빵쭈마

같이 앉아도 될까요?

wǒ kěyǐ zuòxià ma
我可以坐下吗?

워 커이 쭤쌰마

한국말 하세요?

nǐ huì jiǎng hányǔ ma
你会讲韩语吗?

니 후이 쟝 한위마

한국말 잘하시네요.

hányǔ shuōde hěnhǎoyā
韩语说的很好呀。

한위 쒀더 헌하오야

한국에 오신 지 얼마나 됐어요?

lái hánguó duōjiǔ le
来韩国多久了?

라이 한궈 둬지유러

천천히 말해 주세요.

qǐng mànyìdiǎn shuō
请慢一点说。

칭 만이디엔 쒀

다시 말해 주세요

qǐng zài shuō yíbiàn
请再说一遍。

칭 짜이 쒀 이삐엔

적어 주세요.

qǐng jì yíxià
请记一下。

칭 찌이쌰

어디서 왔어요? 고향이 어디예요?

nǐcóng nǎlǐ lái lǎojiā shì nǎlǐ
你从哪里来？老家是哪里？

니충 나리라이? 라오쟈 쓰나리?

저 거기 가본 적 있어요.

wǒ qùguò nàlǐ
我去过那里。

워 취꿔나리

거기 단기선교로 갔었어요.

qù nàlǐ duǎnqī xuānjiào
去那里短期宣教。

취나리 두안치 쉬쨔오

03 말 붙이기: 직장에서

한국 오기 전에는 어떤 일 했어요?

lái hánguó zhīqián zuò shénme gōngzuò
来韩国之前做什么工作？
라이 한궈즈첸 쭤 선머 꿍쭤

일은 할만 해요?

gōngzuò hái kěyǐ ma
工作还可以吗？
꿍쭤 하이 커이마

도움이 필요하면 말해요.

rúguǒ xūyào bāngzhù qǐng gēnwǒshuō
如果需要帮助请跟我说。
루궈 쉬야오 빵주 칭 건워숴

곧 익숙해질 거예요.

hěnkuài jiùhuì shúxī de
很快就会熟悉的。
헌콰이 찌유후이 수시더

사장님들은 원래 다 그래요.

suǒyǒu lǎobǎn dōushì zhèyàngde
所有老板都是这样的。
수어여우 라오반 또우쓰 쩌양더

잘 지내게 될 거예요, 좋은 분이에요.

nǐhuì guòde hěnhǎo, tāshì hǎorén
你会过的很好，他是好人。
니후이 꿔더 헌하오, 타쓰 하오런

일 끝나고 회식 있데요.

gōngzuò jiéshùhòu yǒu huìcān
工作结束后有会餐。
꿍쭤 제쑤허우 여우 후이찬

거래처하고 미팅은 어땠어요?

hé kèhù de huìjiàn zěnmeyàng
和客户的会见怎么样？
허 커후더 후이찌엔 전머양

내가 대신 전화해 줄까요?

nǐxiǎngràngwǒ dǎdiànhuà gěitā ma
你想让我打电话给他吗?
니샹랑워 다땐화 게이타마

이럴 때 당신 문화에서는 어떻게 하나요?

zhège shíhou, nǐmen de guójiā huì zěnmezuò
这个时候，你们的国家会怎么做?
쩌거스허우, 니먼더궈쟈 후이 전머쭤

한국말 많이 늘었어요.

nǐ de hányǔ jìnbù hěndàyā
你的韩语进步很大呀。
니더한위 찐뿌 헌따야

옷이 잘 어울려요.

yīfu hěn héshēn
衣服很合身。
이푸 헌허썬

- 옷 衣服 [이푸]
- 안경 眼镜 [옌찡]
- 색 颜色 [옌써]
- 모자(캡) 帽子 [마오즈]

새 헤어스타일 예쁘네요.

xīn fàxíng hěn piàoliang
新发型很漂亮。

신 화씽 헌피어량

새 헤어스타일 멋지네요.

xīn fàxíng hěn shuài
新发型很帅。

신 화씽 헌헌쐐이

몸이 안 좋으면 조퇴해도 돼요.

rúguǒ shēntǐ bù shūfu, nǐ kěyǐ zǎodiǎn xiàbān
如果身体不舒服，你可以早点下班。

루궈 썬티 뿌수푸, 니커이 자오디엔 쌰반

차 태워다 드릴까요?

xūyào wǒ sòngnǐ huíqù ma
需要我送你回去吗？

쉬야오 워쏭니 후이취마

04 말 붙이기: 학교에서

점심 같이 먹자.

wǒmen yìqǐ chī wǔfàn ba
我们一起吃午饭吧。
워먼 이치 츠우환바

- 아침 早饭 [조환]
- 점심 午饭 [우환]
- 저녁 晚饭 [완환]

숙제 했어?

nǐ xiěwán zuòyè le ma
你写完作业了吗？
니 씨에완 쭤예러마

- 숙제 作业 [쭤예]
- 공부 学习 [쉐시]

난 아직 시작 안 했어.

wǒ hái méiyǒu xiě
我还没有写。
워 하이 메이여우씨에

숙제 같이 하자.

wǒmen yìqǐ xiě zuòyè bā
我们一起写作业吧。

워먼 이치 씨에쮀예바

같이 가자.

wǒmen yìqǐ zǒu bā
我们一起走吧。

워먼 이치 조우바

우리 친구하자.

wǒmen jiāo gè péngyou bā
我们交个朋友吧。

워먼 쟈오거 펑여우바

- 친구 朋友 [펑여우]
- 학교 学校 [쉐쌰오]

학교 끝나고 뭐해?

xiàkè hòu zuòshénme
下课后做什么?

쌰커허우 쭤선머

우리랑 같이 농구할래?

nǐ yuànyì hé wǒmen yìqǐ qù dǎ lánqiú ma
你愿意和我们一起去打篮球吗？
니 웬이 허워먼 이치 취 다 란치유마

- 농구 篮球 [란치유]
- 축구 足球 [주치유]
- 야구 棒球 [빵치유]

넌 한국 가수 누구 제일 좋아해?

nǐ zuì xǐhuan hánguó de nǎge gēshǒu
你最喜欢韩国的哪个歌手？
니 쭈이 시환 한궈더 나거 꺼소우

- 가수 歌手 [꺼소우]
- 배우 演员 [옌웬]

잘 이해 안 가는 거 있으면 말해, 내가 도와줄게.

rúguǒ yǒu bù míngbai de gēnwǒshuō, wǒ kěyǐ bāngzhùnǐ
如果有不明白的跟我说，我可以帮助你。
루궈 여우 뿌밍바이더 껀워숴, 워커이 빵쭈니

시험 준비는 잘 하고 있어?

kǎoshì zhǔnbèi de zěnmeyàng
考试准备的怎么样?

카오쓰 준뻬이더 전머양

수업은 어때?

shàngkè zěnmeyàng
上课怎么样?

쌍커 전머양

넌 형제가 어떻게 돼?

nǐ yǒu xiōngdìjiěmèi ma
你有兄弟姐妹吗?

니 여우 슝띠제메이마

난 누나랑 남동생 있어.

wǒ yǒu yígè jiějie hé dìdi
我有一个姐姐和弟弟。

워 여우 이거 제제 허 띠디

• 누나/언니 姐姐 [제제]	• 형/오빠 哥哥 [꺼거]
• 남동생 弟弟 [띠디]	• 여동생 妹妹 [메이메이]

나는 외동이야.

wǒ shì dúshēngzǐ
我是独生子。
워쓰 두썽즈

다음주 토요일이 내 생일이야. 내 생일 파티에 와.

xiàzhōuliù shì wǒ de shēngrì,
下周六是我的生日，
쌰쩌우류 쓰워더 썽르,

lái cānjiā wǒ de shēngrì pàiduì bā
来参加我的生日派对吧。
라이찬쟈 워더 썽르파이뚜이바

- 월요일 周一 [쩌우이]
- 화요일 周二 [쩌우알]
- 수요일 周三 [쩌우산]
- 목요일 周四 [쩌우쓰]
- 금요일 周五 [쩌우우]
- 토요일 周六 [쩌우류]
- 일요일 周日 [쩌우르]
- 생일 生日 [썽르]

우리 집에 놀러 오지 않을래?

yàobúyào lái wǒ jiālǐ wán
要不要来我家里玩？
야오부야오 라이 워쟈리완

넌 어디 살아?

nǐ zhùzài nǎlǐ
你住在哪里?
니 쭈짜이 나리

집에 놀러 가도 돼?

wǒ kěyǐ qù nǐjiā wán ma
我可以去你家玩吗?
워커이 취 니쟈완마

05 말 붙이기: 길에서

길을 잃었나요?

nǐ mílù le ma
你迷路了吗？
니 미루러마

어디 가시는 길인데요?

nǐ yàoqù nǎlǐ
你要去哪里？
니 야오취 나리

저도 같은 방향이에요.

wǒ yěyào qù nàgè fāngxiàng
我也要去那个方向。
워예야오 취 나거황샹

제가 길 안내해 드릴게요.

wǒ gěi nǐ dàilù bā
我给你带路吧。
워게이니 따이루바

여기서 내리세요.

qǐngzài zhèli xiàchē
请在这里下车。
칭짜이 쩌리 쌰처

- 내리다 下车 [쌰처]
- 갈아타다 换乘 [환청]
- 여기/이곳 这里 [쩌리]
- 타다 乘车 [청처]
- 다음역 下一站 [쌰이짠]

5번 버스 타고 두 정거장 가서 내리세요.

zuò wǔ lù gōngjiāochē, guò liǎngzhànhòu xiàchē
坐5路公交车，过两站后下车。
쭤 우루 꿍쟈오처, 꿔 량짠허우 쌰처

다음 역에서 내려서 5호선으로 갈아타세요.

zài xià yí zhàn xiàchē hòu, huànchéng wǔhàoxiàn dìtiě
在下一站下车后，换乘5号线地铁。
짜이 쌰이짠 쌰처허우, 환청 우하우씨엔 띠테

- 버스 公交车 [꿍쟈오처]
- 택시 出租车 [추주처]
- 비행기 飞机 [휘이지]
- 지하철 地铁 [띠테]
- 기차 火车 [훠처]
- 역/정거장 站 [짠]

김포공항행 열차를 타세요.

zuò qù　Gimpo　jīchǎng de　dìtiě　ba
坐去 Gimpo 机场的地铁吧。

쭤 취 김포 찌창더 띠테바

잘못 타신 것 같아요.

nǐ　hǎoxiàng zuòcuò fāngxiàngle
你好像坐错方向了。

니 하오쌍 쭤춰 황샹러

반대편 승강장으로 건너가서 열차를 타세요.

qù　duìmiàn de　zhàntái zuò dìtiě　ba
去对面的站台坐地铁吧。

취 뚜이몐더 짠타이 쭤띠테바

06 말 붙이기: 엘리베이터 / 계단에서

몇 층 가세요?

nǐ qù jǐ lóu
你去几楼?
니 취 지러우

이 엘리베이터는 짝수 층에만 서요.

zhège diàntī zhǐtíng dāncéng
这个电梯只停单层。
쩌거 땐티 즈팅 단청

• 짝수 층 单层 [단청]	• 홀수 층 双层 [쌍청]

고장 났어요.

huài le
坏了。
화이러

엘리베이터가 수리 중이에요.

diàntī zhèngzài wéixiū zhōng
电梯正在维修中。
땐티 쩡짜이 웨이슈중

- 엘리베이터 电梯 [땐티]

몇 층에 사세요?

nǐ zhùzài jǐ lóu
你住在几楼?
니 쭈짜이 지러우

저는 3층에 살아요.

wǒ zhùzài sān lóu
我住在3楼。
워 쭈짜이 산러우

이 동네에 새로 이사오셨나봐요.

nǐ shì gānggāng bāndào zhège xiǎoqū de ma
你是刚刚搬到这个小区的吗?
니쓰 강강 반따오 쩌거 샤오취더마

저희는 1년 전에 이사 왔어요.

wǒmen shì yì nián qián bānlái de
我们是1年前搬来的。
워먼쓰 이녠첸 반라이더

- 2일 전 2天前 [량톈첸]
- 2주 전 2周前 [량저우첸]
- 2달 전 2个月前 [량거웨첸]
- 2년 전 2个年前 [량녠첸]

우리 동네로 온 거 환영해요.

huānyíng láidào wǒmen xiǎoqū
欢迎来到我们小区。
환잉 라이따오 워먼샤오취

이웃끼리 친하게 지내요.

wǒ xīwàng wǒmen néng chéngwéi hǎo línjū
我希望我们能成为好邻居。
워 시왕 워먼 넝 청웨이 하오 린쥐

07 말 붙이기: 마트에서

그것보단 이 물건이 좋아요.

zhège bǐ nàgè hǎo
这个比那个好。
쩌거 비 나거 하오

여기 물건이 싸고 좋아요.

zhèli de dōngxi yòu piányi yòu hǎo
这里的东西又便宜又好。
쩌리더 뚱시 여우 펜이 여우 하오

야채 가격이 올랐어요.

shūcài zhǎngjià le
蔬菜涨价了。
수차이 장쨔러

- 싸다 便宜 [펜이]
- 비싸다 贵 [꾸이]

전 주말마다 와요.

wǒ měizhōu dōuhuì lái zhèli
我每周都会来这里。
워 메이저우 또우후이 라이쩌리

같이 장볼래요?

nǐ kěyǐ hé wǒ yìqǐ lái gòuwù
你可以和我一起来购物。
니커이 허워이치 라이 꼬우우

우리 쇼핑 친구해요.

wǒmen yìqǐ jiébàn gòuwù bā
我们一起结伴购物吧。
워먼이치 제빤 꼬우우바

- 쇼핑하다/물건을 사다 购物 [꼬우우]

먼저 하세요.

nǐ xiān qǐng bā
你先请吧。
니씨엔칭바

먼저 가세요.

nǐ xiān zǒu bā
你先走吧。
니씨엔조우바

08 말 붙이기: 식당에서

여기 자주 와요?

nǐ jīngcháng lái zhèli ma
你经常来这里吗?
니 찡창 라이 쩌리마

여기 음식이 싸고 맛있어요.

zhèjiā de cài yòu piányi yòu hǎochī
这家的菜又便宜又好吃。
쩌쟈더 차이 여우펜이 여우하오츠

한국음식 좋아해요?

nǐ xǐhuan chī hánguó liàolǐ ma
你喜欢吃韩国料理吗?

니시환 츠 한궈랴오리마

매운 음식 좋아해요?

nǐ xǐhuan chī là de ma
你喜欢吃辣的吗?

니시환 츠 라더마

- 좋아하다 喜欢 [시환]

제일 좋아하는 한국 음식이 뭐예요?

nǐ zuì xǐhuan chī de hánguó liàolǐ shì shénme
你最喜欢吃的韩国料理是什么?

니쭈이 시환 츠더 한궈랴오리 쓰선머

고향 음식은 어떤 것들이 있어요?

nǐ de guójiā yǒu nǎxiē měishí
你的国家有哪些美食?

니더 궈쟈 여우 나씨에 메이스

고향 음식 그립지 않아요?

xiǎngbùxiǎngchī jiāxiāng cài
想不想吃家乡菜?
샹부샹츠 쟈샹차이

그쪽 고향 음식 맛있게 하는 집 알아요.

wǒ zhīdào yǒu yìjiā zuò nǐmen jiāxiāng cài hěn hǎochī
我知道有一家做你们家乡菜很好吃。
워쯔따오 여우이쟈 쭤 니먼 쟈샹차이 헌하오츠

- 맛있다 好吃 [하오츠]

저희 가족이랑 같이 식사하실래요?

nǐ xiǎng hé wǒ de jiārén yìqǐ chīfàn ma
你想和我的家人一起吃饭吗?
니샹허워더 쟈런 이치츠환마

- 먹다/마시다 吃 [츠]

제가 쏠게요.

wǒ qǐngkè
我请客。
워칭커

다음에 한 턱 내세요.

xiàcì nǐ qǐngkè bā
下次你请客吧。
쌰츠 니 칭커바

우리랑 커피 마시러 갈래요?

hé wǒmen yìqǐ qù hē bēi kāfēi bā
和我们一起去喝杯咖啡吧?
허워먼 이치취 허뻬이 카훼이바

- 커피 咖啡 [카훼이]

09 말 붙이기: 우체국에서

고향에 소포 보내시나 봐요?

wǎng lǎojiā jì bāoguǒ ma
往老家寄包裹吗?
왕 라오쟈 찌 빠오궈마

고향에 가족이 있어요?

lǎojiā yǒu qīnrén zài ma
老家有亲人在吗?
라오쟈 여우 친런 짜이마

부모님과 가족이 많이 보고 싶겠어요.

hěnxiǎngniàn fùmǔ hé jiārén ba
很想念父母和家人吧。
헌샹녠 푸무 허 쟈런바

- 고향 老家 [라오쟈]
- 부모 父母 [푸무]
- 가족 家人 [쟈런]
- 그리워하다 想念 [샹녠]

전 고향이 시골이라서, 가족들을 자주 못 만나요.

wǒ de lǎojiā shì nóngcūn,
我的老家是农村,
워더라오쟈 쓰눙춘,

suǒyǐ bùnéng jīngcháng hé jiārén jiànmiàn
所以不能经常和家人见面。
수어이 뿌넝 징창 허쟈런 찌엔맨

박스 같이 들어드릴까요?

wǒ bāng nǐ yìqǐ tái zhǐxiāng ba
我帮你一起抬纸箱吧。
워 빵니 이치 타이 즈샹바

- 돕다 帮 [빵]
- 들다 抬 [타이]

10 말 붙이기: 관광지에서

사진 찍어드릴까요?

wǒ bāng nǐ pāizhào ba
我帮你拍照吧。
워 빵니 파이쟈오바

저희도 사진 찍어 주세요.

yě bāng wǒmen pāi yìzhāng ba
也帮我们拍一张吧。
예 빵워먼 파이이장바

- 사진을 찍다 拍照 [파이쟈오]

가족이랑 여행 오셨나 봐요?

hé   jiārén   lái   lǚxíng   ma
和家人来旅行吗?

허쟈런 라이 뤼씽마

- 여행하다 旅行 [뤼씽]
- 발음기호 ǚ = ǔ (3성) + ¨ (위)
- 발음기호 u 위에 ¨ 이 없으면 '우~'로, ¨ 이 있으면 '위...'로 발음하세요.

어디 어디 가봤어요?

dōu   qùguò   nǎlǐ   le
都去过哪里了?

또우 취꿔 나리러

이번 겨울은 유난히 추운 것 같아요.

juéde   jīnnián de dōngtiān tèbié lěng
觉得今年的冬天特别冷。

쥐더 찐넨더 뚱텐 터비에렁

- 봄 春天 [춘텐]
- 여름 夏天 [쌰텐]
- 가을 秋天 [치유텐]
- 겨울 冬天 [뚱텐]
- 춥다 冷 [렁]
- 덥다 热 [러]

감기 조심하세요.

qǐng xiǎoxīn gǎnmào
请小心感冒。

칭 샤오신 간마오

더위 먹지 마세요.

qǐng xiǎoxīn zhòngshǔ
请小心中暑。

칭 샤오신 쭝수

안전하고 즐거운 여행되세요.

xīwàng nǐmen yǒu yígè ānquán, kuàilè de lǚxíng
希望你们有一个安全，快乐的旅行。

씨왕니먼 여우이거 안췐, 콰이러더 뤼씽

11 말 붙이기: 언어 가르쳐 주세요

제가 한국말 가르쳐 드릴까요?

nǐ xiǎng hé wǒ xuéxí hányǔ ma
你想和我学习韩语吗?
니샹허워 쉐시 한위마

한국어 배울 곳 찾고 있어요?

wǒ zài zhǎo xuéxí hányǔ de dìfang
我在找学习韩语的地方。
워짜이 쟈오 쉐시 한위더 띠황

우리 교회에 한국어 교실이 있어요.

wǒmen jiàohuì yǒu hányǔ kèchéng
我们教会有韩语课程。
워먼 쨔오후이 여우 한위커청

저, 중국어 가르쳐 줄 수 있어요?

kěyǐ jiāo wǒ zhōngwén ma
可以教我中文吗?
커이 쨔오워 중원마

당신은 나한테 중국어 가르쳐 주고, 나는 당신한테 한국어 가르쳐 주는 거 어때요?

nǐ jiāo wǒ zhōngwén, wǒ jiāo nǐ hányǔ, zěnmeyàng
你教我中文，我教你韩语，怎么样？
니 쨔오워 중원, 워 쨔오니 한위, 전머양

- 한국어 韩语 [한위]
- 중국어 中文 [중원]
- 배우다/공부하다 学习 [쉐시]
- 가르치다 教 [쨔오]
- 찾다 找 [쟈오]

매주 토요일 오후에 카페에서 같이 공부해요.

měizhōu liù xiàwǔ, wǒmen yìqǐ zài kāfēitīng xuéxí ba
每周六下午，我们一起在咖啡厅学习吧。
메이저우 류 쌰우, 워먼이치 짜이 카훼이팅 쉐시바

12 말 붙이기: 임산부를 만났을 때

배가 많이 나왔네요!

nǐ de dùzi tǐng dà de
你的肚子挺大的！
니더 뚜즈 팅따더

임신하셨어요?

nǐ huáiyùn le ma
你怀孕了吗?

니 화이윈 러마

- 임신하다 怀孕 [화이윈]

출산 예정일이 언제예요?

yùchǎnqī shì shénme shíhòu
预产期是什么时候?

위찬치 쓰 선머 스허우

오! 아기 만나기까지 얼마 안 남았네요.

wā lí bǎobao chūshēng, méi shèng duōjiǔ le
哇！离宝宝出生，没剩多久了。

와! 리 보보 추성, 메이성 둬지유 러

입덧해요?

yǒu rènshēnfǎnyìng ma
有妊娠反应吗?

여우 런선환잉마

- 입덧나다 妊娠反应 [런선환잉]

저는 첫째 아이 임신했을 때 입덧이 아주 심했어요.

wǒ huái dìyī gè háizi de shíhou,
我怀第一个孩子的时候，
워 화이 띠이거 하이즈더 스허우,

rènshēnfǎnyìng hěn lìhai
妊娠反应很厉害。
런선환잉 헌리하이

아들이에요, 딸이에요?

shì érzi háishì nǚer
是儿子还是女儿？
쓰얼즈 하이쓰 뉘얼

- 아들 儿子 [얼즈]
- 딸 女儿 [뉘얼]

엄마 닮아서 예쁘겠어요.

wǒ xiǎng bǎobao zhǎngde xiàng māma yíyàng piàoliang
我想宝宝长得像妈妈一样漂亮。
워샹 보보 장더 쌍마마이양 피어량

- 아빠 爸爸 [빠바]
- 엄마 妈妈 [마마]
- 예쁘다 漂亮 [피어량]
- 닮다/같다 像 [썅]

몸조리 잘 하세요.

qǐng tiáoyǎng hǎo shēntǐ
请调养好身体。
칭 탸오양 하오 선티

순산하길 기도할게요.

wǒ huì wéinǐ dǎogào,　xīwàng nǐnéng shùnchǎn
我会为你祷告，希望你能顺产。
워후이 웨이니 다오까오, 시왕 니녕 순찬

- 기도하다 祷告 [다오까오]
- 바라다 希望 [시왕]
- 순산 顺产 [순찬]

13 말 붙이기: 아이와 함께 있는 부모를 만났을 때

아이가 예쁘네요!

háizi　hǎo piàoliang
孩子好漂亮！
하이즈 하오 피어량

아이 눈이 엄마를 닮았네요.

háizi de yǎnjing xiàng māma
孩子的眼睛像妈妈。
하이즈더 옌징 쌍마마

- 눈 眼 [옌]
- 입 口 [커우]
- 코 鼻 [비]
- 귀 耳 [얼]

몇 살이에요?

háizi jǐsuì le
孩子几岁了?
하이즈 지 쑤이러

- 몇살 几岁 [지쑤이]

잠은 잘 자나요?

wǎnshang shuìde hǎoma
晚上睡的好吗?
완상 쑤이더 하오마

- 잠자다 睡 [쑤이]
- 놀다 玩 [완]
- 먹다 吃 [츠]

우리 아들은 애기 때 잠을 잘 안 잤어요.

wǒ de érzi xiǎo de shíhou,   búài shuìjiào
我的儿子小的时候，不爱睡觉。
워더얼즈 샤오더 스허우, 부아이 쑤이쨔오

아이 이름이 뭐예요?

bǎobao jiào shénme míngzi
宝宝叫什么名字？
보보 쟈오 선머 밍즈

- 귀염둥이/이쁜이 宝宝 [보보]
- 부르다 叫 [쟈오]
- 이름/(성과 이름) 名字 [밍즈]

이름이 예쁘네요.

míngzi hěnhǎotīng
名字很好听。
밍즈 헌하오팅

저는 딸 하나 아들 하나 있어요.

wǒ yǒu yígè nǚer yígè érzi
我有一个女儿一个儿子。
워여우 이거뉘얼 이거얼즈

14 말 붙이기: 아픈 사람을 만났을 때

괜찮아요?

nǐ hái hǎo ma
你还好吗?
니 하이 하오마

다쳤어요?

shòu shāng le ma
受伤了吗?
써우상러마

- 다치다 受伤 [써우상]
- 아프다 痛 [퉁]
- 싸우다 打架 [다쨔]
- 부딪히다 碰撞 [펑쫭]
- 열이나다 发烧 [화싸오]
- 넘어지다 摔倒 [솨이다오]
- 미끄러지다 滑倒 [화다오]
- 뼈가 부러지다 骨折 [구저]

움직이지 마세요.

bú yào dòng
不要动。
부야오뚱

어디 아프세요?

nǐ nǎlǐ bùshūfu ma
你哪里不舒服吗?

니 나리 부슈푸마

- 편찮다 不舒服 [부슈푸]
- 두통 头痛 [터우퉁]
- 설사 腹泻 [푸씨에]
- 구토 呕吐 [어우투]

- 감기 感冒 [간마오]
- 기침 咳嗽 [커서우]
- 복통 腹痛 [푸퉁]
- 열 发烧 [화싸오]

다리 움직일 수 있겠어요?

tuǐ kěyǐ dòng ma
腿可以动吗?

투이 커이뚱마

- 다리 腿 [투이]
- 손 手 [서우]
- 어깨 肩膀 [젠빵]
- 무릎 膝盖 [시까이]

- 팔 胳膊 [꺼보]
- 발 脚 [쟈오]
- 허리 腰 [야오]
- 목 脖子 [보즈]

누울래요?

xiǎngyào tǎngxià ma
想要躺下吗?

샹야오 탕쌰마

- 움직이다 动 [뚱]
- 숨쉬다 呼吸 [후시]
- 일어나다 起来 [치라이]
- 걷다 走 [조우]
- 앉다 坐下 [쭤쌰]
- 눕다 躺下 [탕쌰]

병원에 데려다 줄게요.

wǒ sòngnǐ qù yīyuàn ba
我送你去医院吧。

워쑹니 취 이웬바

- 병원 医院 [이웬]
- 약국 药店 [야오땐]

걱정 마세요, 제가 옆에 있을게요.

búyào dānxīn, wǒ huì yìzhí zài nǐ pángbiān
不要担心，我会一直在你旁边。

부야오 단신, 워후이 이즈짜이 니팡삐엔

15 소개하기

저는 리사예요.

wǒ jiào Lisa
我叫 Lisa。
워쨔오 리사

이쪽은 제 친구 김지수예요.

tā shì wǒ de péngyou Gim Ji su
她是我的朋友 Gim Ji su。
타쓰 워더 펑여우 김지수

- 친구 朋友 [펑여우]

우린 같은 교회 다녀요.

wǒmen shì tóng yígè jiàohuì de
我们是同一个教会的。
워먼쓰 퉁이거 쨔오후이더

- 교회 教会 [쨔오후이]

만나서 반가워요.

hěngāoxìng jiàndào nǐ
很高兴见到你。
헌까오씽 찌엔따오니

> • 다시 만났을 때는
> 很高兴再次见到你 [헌까오씽 짜이츠 찌엔따오니]

말씀 많이 들었어요.

tīngshuō le hěnduō guānyú nǐ de shìqing
听说了很多关于你的事情。
팅쒀러 헌둬 관위 니더 쓰칭

이쪽은 우리 딸 중국어 선생님이세요.

zhè wèi shì wǒ nǚer de zhōngwén lǎoshī
这位是我女儿的中文老师。
쩌웨이쓰 워 뉘얼더 중원 라오스

> • 선생님 老师 [라오스]

제가 말했던 그 사람이에요.

shì wǒ zhīqián shuōguò de nàgè rén
是我之前说过的那个人。
쓰 워 즈첸 쒀꿔더 나거런

이름이 뭐예요?

nín guìxìng
您贵姓？
닌꾸이씽

- 성함(성씨) 贵姓 [꾸이씽]
- 주소 地址 [띠즈]
- 전화번호 电话号码 [땐화하오마]

카카오톡 해요?

nǐ yǒu KakaoTalk ma
你有 KakaoTalk吗？
니여우 카카오톡마

페이스북 친구 추가해도 돼요?

wǒ kěyǐ jiānǐ de Facebook ma
我可以加你的 Facebook吗？
워커이 쟈니더 페이스북마

우리 집은 네 식구예요.

wǒmen jiā yǒu sì kǒu rén
我们家有4口人。
워먼쟈 여우 쓰커우런

가족이 어떻게 되나요?

nǐmen jiā dōu yǒu shuí
你们家都有谁？
니먼쟈 또우 여우쉐이

- 가족 家 [쟈]

결혼하셨어요?

nǐ jiéhūn le ma
你结婚了吗？
니 제훈러마

- 결혼하다 结婚 [제훈]

저는 곧 결혼해요.

wǒ hěnkuài jiùyào jiéhūn le
我很快就要结婚了。
워 헌콰이 찌유야오 제훈러

저는 결혼한 지 10년 됐어요.

wǒ jiéhūn yǒu shí nián le
我结婚有10年了。
워 제훈 여우 스녠러

자녀는 어떻게 되나요?

nǐ yǒu jǐgè zǐnǚ
你有几个子女?
니여우 지거즈뉘

- 자녀 子女 [즈뉘]

저희한텐 하나님이 아직 아이를 안 주셨어요.

shén hái méiyǒu gěi wǒmen háizi
神还没有给我们孩子。
선 하이 메이여우 게이 워먼 하이즈

16 안부 묻기

어떻게 지내요?

nǐ guò de zěnmeyàng
你过得怎么样?
니꿔더 전머양

기분이 어때요?

nǐ xīnqíng zěnmeyàng
你心情怎么样?
니신칭 전머양

오늘은 좀 괜찮아요?

jīntiān hǎo yìdiǎn le ma
今天好一点了吗?
진톈 하오 이디엔러마

가족은 잘 지내요?

jiārén   guò de   hái hǎo ma
家人过得还好吗?

쟈런 꿔더 하이 하오마

- 당신의 아이들 你的孩子们 [니더 하이즈먼]
- 당신의 부모님 你的父母 [니더 푸무]

새 직장은 어때요?

xīn de   gōngsī zěnmeyàng
新的公司怎么样?

신더 꿍스 전머양

- 새직장 新的公司 [신더 꿍스]
- 학교 学校 [쉐쌰오]
- 일 事情 [쓰칭]
- 수업 上课 [쌍커]

한국에는 어떻게 왔어요?

nǐ   lái   hánguó zuòshénme
你来韩国做什么?

니라이 한궈 쭤선머

한국 생활은 어때요?

zài hánguó de shēnghuó zěnmeyàng
在韩国的生活怎么样?
짜이 한궈더 썽훠 전머양

한국말 잘 배우고 있어요?

hánguóyǔ xué de zěnmeyàng
韩国语学的怎么样?
한궈위 쉐더 전머양

새로운 문화 잘 배우고 적응하길 기도할게요.

wǒ huì wéi nǐ dǎogào,
我会为你祷告,
워후이 웨이니 다오까오,

xīwàng nǐ hǎohao xuéxí hé shìyìng xīn de huánjìng
希望你好好学习和适应新的环境。
시왕니 하오하오쉐시 허 쓰잉신더환찡

- 적응하다 适应 [쓰잉]

대화할 사람이 필요해요?

xūyào jiāoliú de rén ma
需要交流的人吗?
쉬야오 쟈오류더 런마

- 서로 소통하다 交流 [쟈오류]

고향 다녀온 지 얼마나 됐어요?

méi huí lǎojiā duōjiǔ le
没回老家多久了?
메이후이 라오쟈 뒤지유러

- 고향 老家 [라오쟈]

몸 조심히 고향 잘 다녀와요.

bǎozhòng shēntǐ, xīwàng nǐ yǒu yígè měihǎo de huíxiāng lǚchéng
保重身体,希望你有一个美好的回乡旅程。
빠오중썬티, 시왕니 여우 이거 메이하오더 후이샹 뤼청

고향에서 가족이 온다면서요? 잘 됐어요!

nǐ de jiārén yào lái hánguó ma zhēnhǎo
你的家人要来韩国吗? 真好!
니더 쟈런 야오라이 한궈마? 쩐하오!

17 헤어지기

같이 예배드려서 좋았어요.

hěngāoxìng hé nǐ yìqǐ lǐbài
很高兴和你一起礼拜。

헌까오씽 허니이치 리빠이

- 기쁘다 高兴 [까오씽]
- 예배드리다 礼拜 [리빠이]

만나서 반가웠어요.

jiàndào nǐ hěngāoxìng
见到你很高兴。

찌엔따오니 헌까오씽

즐거운 대화였어요.

hěngāoxìng hé nǐ liáotiān
很高兴和你聊天。

헌까오씽 허니 랴오톈

다음 주일에 만나요.

xiàzhōurì zàijiàn
下周日再见。
쌰저우르 짜이찌엔

한 주간도 주님 안에서 평안하게 지내세요.

xīwàng nǐ zài zhǔ lǐ dùguò píng'ān de yìzhōu
希望你在主里度过平安的一周。
시왕니 짜이 주리 뚜꿔 핑안더 이저우

기도 제목 있어요?

nǐ yǒu yào dàidǎo de shìma
你有要代祷的事吗?
니여우 야오 따이다오더 쓰마

당신 위해서 기도할게요.

wǒ huì wéi nǐ dǎogào
我会为你祷告。
워 후이 웨이니 다오까오

- 을 위하여 为 [웨이]

조만간 다시 모여요.

guò xiē rìzi wǒmen zài jùyījù ba
过些日子我们再聚一聚吧。
꿔씨에르즈 워먼짜이 쮜이쮜바

연락할게요.

wǒ huì liánxì nǐ de
我会联系你的。
워후이 롄시니더

문자 보낼게요.

wǒ gěi nǐ fā xìnxī ba
我给你发信息吧。
워게이니 화씬시바

카카오톡 보내요.

wǒ gěi nǐ fā KakaoTalk
我给你发 KakaoTalk。
워게이니 화카카오톡

CHAPTER 2

왕초보, 외국인 친구
초대하기

请进

01 식사 초대하기

이번 주말에 뭐해요?

nǐ　zhège　zhōumò yǒukòng ma
你这个周末有空吗？
니쩌거 저우무어 여우쿵마

- 주말 周末 [저우무어]
- 휴일 休息日 [시유시르]

저녁식사 초대하고 싶어요.

xiǎng yāoqǐng nǐ dào　jiālǐ　　chīfàn
想邀请你到家里吃饭。
샹 야오칭니 따오쟈리 츠환

- 식사하다 吃饭 [츠환]
- 초대하다 邀请 [야오칭]

애들이랑 같이 오세요.

hé　háizǐmen　　yìqǐ　lái　bā
和孩子们一起来吧。
허 하이즈먼 이치라이바

언제가 좋아요?

shénmeshíhòu fāngbiàn
什么时候方便?
선머스허우 황삐엔

이번 주 토요일 저녁 어때요?

zhège zhōuliù wǎnshang zěnmeyàng
这个周六晚上怎么样?
쩌거 저우류 완상 전머양

- 다음주 토요일 下周六 [싸저우 류]
- 저녁 晚上 [완상]

어서 들어오세요.

qǐngjìn
请进。
칭찐

우리 집 찾는 데 힘들지 않았어요?

wǒ de jiā hái hǎo zhǎoma
我的家还好找吗?
워더쟈 하이 하오 쟈오마

집처럼 편하게 있어요.

qǐng suí yì
请随意。

칭 수이 이

와 줘서 고마워요.

huānyíng lái wǒjiā
欢迎来我家。

환잉 라이 워쟈

식사하세요!

qǐng chī fànbā
请吃饭吧。

칭 츠 환바

음식이 입에 맞아요?

fàncài hékǒu ma
饭菜合口吗?

환차이 허커우마

애들한테는 약간 매울 수 있어요.

xiǎo háizi kěnéng huì là yìdiǎn
小孩子可能会辣一点。
샤오 하이즈 커넝 후이 라이디엔

- 맵다 辣 [라]
- 약간 一点 [이디엔]

더 드세요.

zài chī yìdiǎn ba
再吃一点吧。
짜이 츠 이디엔바

국 더 드릴까요?

nǐ yào jiā diǎn tāng ma
你要加点汤吗?
니야오 쟈디엔 탕마

- 밥 饭 [환]
- 반찬 菜 [차이]

또 와요.

huānyíng xiàcì zài lái
欢迎下次再来。
환잉 쌰츠 짜이라이

02 교회 초대하기

교회 다녀요?

nǐ qù jiàohuì ma
你去教会吗?
니 취 쨔오후이 마

- 교회 教会 [쨔오후이]
- 가다 去 [취]

교회 가 본 적 있어요?

nǐ qùguò jiàohuì ma
你去过教会吗?
니 취꿔 쨔오후이 마

우리 교회 한 번 와 볼래요?

xiǎngbùxiǎng dào wǒmen jiàohuì kànyíkàn
想不想到我们教会看一看。
샹부샹 따오 워먼 쨔오후이 칸이칸

우리 교회는 9호선 신방화역에 있어요.

wǒmen jiàohuì zài jiǔ hàoxiàn sinbanghwa zhàn
我们教会在9号线sinbanghwa站。

워먼 쨔오후이 짜이 지유하오씨엔 신방화짠

5번 출구에서 만나서 같이 가요.

wǒmen zài wǔ hào chūkǒu jiànmiàn hòu yìqǐ qù ba
我们在5号出口见面后一起去吧。

워먼 짜이 우하오 추커우 찌엔맨허우 이치취바

- 출구 出口 [추커우]
- 입구 入口 [루커우]

교회 분들 정말 좋으세요.

wǒmen jiàohuì de shèngtú men hěnhǎo
我们教会的圣徒们很好。

워먼 쨔오후이더 썽투먼 헌하오

한국생활에 적응하는 데 많은 도움이 될 거예요.

duì nǐ shìyìng hánguó shēnghuó, huì yǒu hěndà bāngzhù
对你适应韩国生活，会有很大帮助。

뚜이니 쓰잉 한궈썽훠, 후이 여우 헌따 빵쭈

교회 오면, 한국 친구 많이 만날 수 있어요.

lái jiàohuì,   kěyǐ yùdào hěnduō hánguó péngyou
来教会，可以遇到很多韩国朋友。

라이 쨔오후이, 커이 위따오 헌둬 한궈펑여우

다음 주에 성경캠프가 있어요.

xiàzhōu yǒu yínghuì
下周有营会。

쌰저우 여우 잉후이

- 찬양 콘서트 赞美聚会 [잔메이쮜후이]
- 교회 바자회 教会义卖会 [쨔오후이 이마이후이]
- 야외 예배 野外礼拜 [예와이 리빠이]
- 성경공부 圣经学习 [셩징쉐시]

나랑 같이 갈래요?

nǐ yào hé wǒ   yìqǐ   qù ma
你要和我一起去吗？

니야오 허워 이치취마

03 교회 소개하기

교회 처음 와 보는 거예요?

dì yīcì lái jiàohuì ma
第一次来教会吗?

띠이츠 라이 쨔오후이마

- 처음/제1차 第一次 [띠이츠]

주보 여기 있어요.

lǐbài shùnxù biǎo zài zhèli
礼拜顺序表在这里。

리빠이 순쉬빠오 짜이쩌리

- 성경 圣经 [썽징]
- 주보 顺序表 [순쉬빠오]
- 찬송가 诗歌本 [쓰거번]

한 번 둘러 볼래요?

nǐ xiǎng cānguān yíxià ma
你想参观一下吗?

니샹 찬관 이쌰마

예배당은 2층에 있어요.

lǐbàitáng zài èr lóu
礼拜堂在2楼。
리빠이탕 짜이 알러우

저는 모태신앙이에요.

wǒ cóngxiǎo jiù xìn yēsū
我从小就信耶稣。
워 충샤오 찌유 씬 예수

남편은 저랑 결혼하고 나서 크리스천이 됐어요.

zhàngfu hé wǒ jiéhūn zhīhòu, cái xìnle yēsū
丈夫和我结婚之后，才信了耶稣。
짱푸 허 워 재훈 즈허우, 차이 씬러 예수

- 남편 丈夫 [짱푸]
- 아내 妻子 [치즈]

남편은 교회 (안수)집사예요.

zhàngfu shì jiàohuì de ànlì zhíshì
丈夫是教会的按立执事。
짱푸쓰 쨔오후이더 안리 즈쓰

- 여집사 女执事 [뉘즈쓰]
- 장로 长老 [장라오]
- 성가대원 诗歌队员 [쓰거뚜이웬]
- 성가대 지휘자 诗歌指挥者 [주르쉐즈후이저]
- 주일학교 교사 主日学老师 [주르쉐라오스]

저희 교회는 장로교회예요.

wǒmen jiàohuì shì zhǎnglǎo jiàohuì
我们教会是长老教会。
워먼 쨔오후이쓰 장라오 쨔오후이

- 침례교회 浸礼教会 [쩐리쨔오후이]
- 감리교회 监理教会 [쟨리쨔오후이]
- 성결교회 圣洁教会 [썽제쨔오후이]
- 루터교회 路德教会 [루더쨔오후이]
- 순복음교회 纯福音教会 [춘후인쨔오후이]

우리 목사님께 당신을 소개해 주고 싶어요.

wǒ xiǎng gěi nǐ jièshào wǒ de mùshī
我想给你介绍我的牧师。
워샹 게이니 쩨쌰오 워더 무스

- 소개하다 介绍 [쩨쌰오]

저희 교회 목사님이세요.

zhè wèi shì wǒmen jiàohuì de mùshī
这位是我们教会的牧师。
쩌웨이쓰 워먼 쨔오후이더 무스

- 목사님 牧师 [무스]
- 담임목사 主任牧师 [주런무스]
- 부목사 副牧师 [푸무스]
- 강도사 讲道师 [쟝따오스]
- 전도사 传道师 [촨따오스]

우리 애들은 어린이 예배드리고 있어요.

wǒmen de háizǐmen cānjiā zhǔrìxué lǐbài
我们的孩子们参加主日学礼拜。
워먼더 하이즈먼 찬쟈 주르쉐 리빠이

- 예배 礼拜 [리빠이]
- 설교 讲道 [쟝따오]

04 예배 시간 / 순서 알려 주기

- 교회를 처음 방문한 사람에게 예배 순서를 설명해 주고, 같이 예배를 드리면서 도와줄 때 필요한 표현들이에요.

오전 예배는 11시에 있어요.

shàngwǔ lǐbài shì shíyī diǎn
上午礼拜是11点。

상우 리빠이쓰 스이디엔

- 오전 예배 上午礼拜 [상우리빠이]
- 오후 예배 下午礼拜 [쌰우리빠이]
- 저녁 예배 晚上礼拜 [완상리빠이]
- 새벽 예배 晨祷 [천다오]
- 영어 예배 英语礼拜 [잉위리빠이]
- 어린이 예배 主日学礼拜 [주르쉐리빠이]
- 청년 예배 青年礼拜 [칭녠리빠이]
- 기도회 祷告会 [다오까오후이]
- 주일학교 主日学 [주르쉐]
- 성경공부 圣经学习 [씽징쉐시]

오전 예배드리고 점심 식사가 있어요.

shàngwǔ lǐbài jiéshù yǐhòu, yǒu wǔcān
上午礼拜结束以后，有午餐。

상우 리빠이 제쑤이허우, 여우 우찬

매주 토요일에는 성경공부가 있어요.

měigè zhōuliù yǒu shèngjīng xuéxí
每个周六有圣经学习。
메이거 쩌우류 여우 썽징쉐시

- 청년부 모임 青年聚会 [칭녠쮜후이]
- 찬양집회 赞美聚会 [짠메이쮜후이]
- 세례 교육 洗礼教育 [시리쟈오위]
- 교리 교육 教义教育 [쟈오이쟈오위]

곧 예배가 시작할 거예요.

mǎshàng yào kāishǐ lǐbài le
马上要开始礼拜了。
마샹 야오 카이스 리빠이러

- 시작하다 开始 [카이스]

다 같이 일어나는 시간이에요.

dōu yào zhànqǐlái
都要站起来。
또우 야오 짠치라이

- 일어나다 起来 [치라이]

이제 자리에 앉으세요.

xiànzài kěyǐ zuòxià
现在可以坐下。
씨엔짜이 커이 쭤샤

- 앉다 坐下 [쭤샤]

주보 2페이지를 보세요.

kàn shùnxù biǎo dì'èr yè
看顺序表第2页。
칸 순쉬뱌오 띠얼예

- 보다 看 [칸]

찬양시간이에요.

xiànzài shì zànměi shíjiān
现在是赞美时间。
씨엔짜이쓰 짠메이 스지엔

찬송가 78장을 펴세요.

dǎkāi   zànměishī qīshíbā zhāng
打开赞美诗78章。
다카이 짠메이스 치스빠장

- 펼치다 打开 [다카이]

성경 읽는 시간이에요.

xiànzài shì dú jīngwén de shíjiān
现在是读经文的时间。
씨엔짜이쓰 두징원더 스지엔

- 읽다 读 [두]

교독할 거예요. 목사님이 먼저 읽으실 거예요.

wǒmen huì jiāotì dú   mùshī huì xiān dú yìjié
我们会交替读。牧师会先读一节。
워먼 후이 쟈오티두. 무스 후이 씨엔 두이제

구약성경 100페이지예요.

jiù yuē shèngjīng yìbǎi yè
旧约圣经100页。
찌유웨썽징 이바이예

- **구약성경** 旧约圣经 [찌유웨썽징]
- **신약성경** 新约圣经 [신웨썽징]

창세기 1장 1절을 펴세요.

dǎkāi chuàngshìjì yì zhāng yì jié
打开创世纪1章1节。
다카이 촹스찌 이장 이제

로마서 1장 1절에서 3절이에요.

luómǎ shū yì zhāng yì jié dào sān jié
罗马书1章1节到3节。
뤄마수 이장 이제 따오 싼제

주기도문은 찬송가 맨 앞 페이지에 있어요.

zhǔ dǎowén zài zànměishī de zuì qián yè
主祷文在赞美诗的最前页。
주다오원 짜이 짠메이스더 쭈이첸예

사도신경 외우는 시간이에요.

xiànzài shì xuāngào shǐtú xìn jīng de shíjiān
现在是宣告使徒信经的时间。
씨엔짜이쓰 쉔까오 스투씬징더 스지엔

- 사도신경 使徒信经 [스투씬징]
- 주기도문 主祷文 [주다오원]
- 십계명 十诫命 [스찌에밍]

기도시간이에요.

shì dǎogào de shíjiān
是祷告的时间。
쓰 다오까오더 스지엔

돌아가면서 기도할 거예요.

wǒmen huì lúnliú dǎogào
我们会轮流祷告。
워먼 후이 룬류 다오까오

- 기도하다 祷告 [다오까오]

불편하면 안 해도 돼요.

rúguǒ bù fāngbiàn kěyǐ búzuò
如果不方便可以不做。
루궈 부황삐엔 커이 부쭤

중국말로 기도해도 돼요.

kěyǐ yòng zhōngwén dǎogào
可以用中文祷告。
커이 용 중원 다오까오

헌금시간이에요.

shì fèngxiàn de shíjiān
是奉献的时间。
쓰 훵씨엔더 스지엔

- 십일조 十分之一奉献 [스휜즈이 훵씨엔]
- 감사헌금 感谢奉献 [간쎄 훵씨엔]
- 선교헌금 宣教奉献 [쉔쨔오 훵씨엔]
- 구제헌금 救济奉献 [찌유지 훵씨엔]

오늘은 성찬식이 있어요.

jīntiān yǒu shèngcān lǐbài
今天有圣餐礼拜。
찐톈 여우 썽찬리빠이

성찬식은 세례 받은 사람만 참여할 수 있어요.

shòu guò xǐ de rén cái kěyǐ lǐng shèngcān
受过洗的人才可以领圣餐。
써우꿔 시더런 차이 커이 링 썽찬

세례 받았어요?

nǐ shòu xǐ le ma
你受洗了吗?
니 써우시 러마

- 성찬식 圣餐 [썽찬]
- 세례받다 受洗 [써우시]

05 중국어 예배 초대하기

중국어 예배 찾고 있어요?

nǐ zài zhǎo zhōngwén lǐbài de dìfang ma
你在找中文礼拜的地方吗?
니짜이 쟈오 중원 리빠이더 띠황마

우리 교회에 중국어 예배가 있어요.

wǒmen jiàohuì yǒu zhōngwén lǐbài
我们教会有中文礼拜。
워먼 쟈오후이 여우 중원 리빠이

와 볼래요?

nǐ xiǎng guòlái tīngyìtīng ma
你想过来听一听吗?
니샹 꿔라이 팅이팅마

내 친구가 중국어 예배 가요.

wǒ de péngyou cānjiā zhōngwén lǐbài
我的朋友参加中文礼拜。
워더 펑여우 찬쟈 중원리빠이

그 친구와 같이 가 볼래요?

nǐ xiǎng hé nàgè péngyou yìqǐ qù kànkàn ma
你想和那个朋友一起去看看吗？

니샹 허 나거 펑여우 이치 취 칸칸마

06 초대받기 / 심방가기

목사님이 심방 가고 싶어 하세요.

mùshī xiǎng qù tànfǎng nǐ
牧师想去探访你。

무스 샹취 탄황니

집에 심방 가도 될까요?

kěyǐ qù nǐ jiā tànfǎng ma
可以去你家探访吗？

커이취 니쟈 탄황마

- 심방하다/탐방하다 探访 [탄황]
- 방문하다 访问 [황원]

음식은 준비하지 마세요.

búyào zhǔnbèi chī de
不要准备吃的。
부야오 준뻬이 츠더

잠깐 몇 분만 있다 갈 거예요.

wǒmen zuò yíhuìer jiù huì zǒu
我们坐一会儿就会走。
워먼 쭤 이훨 찌유후이 조우

몇 시가 좋으세요?

nǐ juéde jǐdiǎn fāngbiàn
你觉得几点方便？
니 쥐더 지디엔 황삐엔

2시까지 갈게요.

wǒmen liǎngdiǎn dào nǐ jiā
我们2点到你家。
워먼 량디엔 따오 니쟈

- (오후)2시 两点 [량디엔]

초대해 줘서 고마워요.

gǎnxiè nǐ yāoqǐng wǒmen
感谢你邀请我们。

간씨에니 야오칭 워먼

선물이에요. 제 마음이에요.

zhè shì lǐwù, shì wǒmen de xīnyì
这是礼物，是我们的心意。

쩌쓰리우, 쓰 워먼더 신이

> • 선물 访问 [리우]

마음에 들었으면 좋겠어요.

xīwàng nǐ xǐhuan
希望你喜欢。

시왕니 시환

문에 교패 붙여도 될까요?

kěyǐ zài mén shàng tiē jiàohuì de míngzi ma
可以在门上贴教会的名字吗？

커이 짜이 먼쌍 태 쨔오후이더 밍쯔마

화장실이 어디예요?

wèishēngjiān zài nǎlǐ
卫生间在哪里?
웨이셩지엔 짜이 나리

- 화장실 卫生间 [웨이셩지엔]

음식이 맛있어요.

fàncài hěn hǎochī
饭菜很好吃。
환차이 헌 하오츠

- 맛있다 好吃 [하오츠]

제가 설거지할게요.

wǒ lái xǐwǎn ba
我来洗碗吧。
워라이 시완바

- 설거지하다 洗碗 [시완]

저녁 고마웠어요.

xièxie nǐ de wǎncān
谢谢你的晚餐。
씨에씨에니더 완찬

- 고마워요 谢谢 [씨에씨에]

CHAPTER 3

왕초보, 외국인 친구

위로하기

神爱你

01 신앙적 위로: 은혜, 함께하심

하나님의 축복이 있길 바라요.

yuàn shén zhùfú nǐ
愿神祝福你。

웬 선 쭈푸니

하나님의 은혜가 있길 바라요.

yuàn shén cìgěi nǐ ēndiǎn
愿神赐给你恩典。

웬 선 츠게이니 언디엔

하나님은 언제나 당신과 함께하세요.

shén huì yìzhí hé nǐ tóng zài
神会一直和你同在。

선후이 이즈 허니 통짜이

- 하나님 神 [선]
- 축복(하다) 祝福 [쭈푸]
- 은혜 恩典 [언디엔]

하나님은 선하시고 자비로우세요.

shén shì liángshàn de cíbēi de shén
神是良善的慈悲的神。
선쓰 량산더 츠베이더선

은혜의 하나님께서 당신을 보호하실 거예요.

ēndiǎn zhī shén huì bǎohù nǐ de
恩典之神会保护你的。
언디엔즈선 후이 빠오후 니더

주님이 그분의 은혜로 당신을 인도하실 거예요.

zhǔ de ēndiǎn huì yǐndǎo nǐ
主的恩典会引导你。
주더 언디엔 후이 인다오 니

하나님은 당신이 그분을 신뢰하길 원하세요.

shén xīwàng nǐnéng xìnlài tā
神希望你能信赖祂。
선 시왕 니넝 신라이 타

- 보호하다 保护 [빠오후]
- 인도하다 引导 [인다오]
- 신뢰하다 信赖 [신라이]

02 신앙적 위로: 섭리

- 섭리 护理 [후리]

하나님은 그분의 사랑으로 우리의 인생을 주장하세요.

shén yòng tā de dà ài zhǔguǎn wǒmen de rénshēng
神用祂的大爱主管我们的人生。

선용 타더 따아이 주관 워먼더 런썽

- 주관하다/주장하다 主管 [주관]

모든 것은 하나님의 때가 있어요.

suǒ yǒu de yíqiè dōu yǒu shén zhǐdìng de shíjiān
所有的一切都有神指定的时间。

수어여우더 이체 또우여우 선 즈띵더 스지엔

- 소유하다/가지다 所有 [수어여우]

하나님의 때를 기다려요.

yào děngdài shén de shíjiān
要等待神的时间。
야오 덩따이 선더 스지엔

- 하나님의 시간(때) 神的时间 [선더 스지엔]
- 기다리다 等待 [덩따이]

하나님의 응답은 당신이 원하는 대로 되지 않을 수도 있어요.

yǒushí, shén de yìngdá bìngbúshì nǐ xiǎngyào de
有时，神的应答并不是你想要的。
여우스, 선더 잉다 삥부쓰 니 샹야오더

- 응답하다/대답하다 应答 [잉다]

하나님의 때와 방법은 언제나 완벽해요.

shén de shíjiān hé fāngfǎ shì zuì wánměi de
神的时间和方法是最完美的。
선더 스지엔허 황화 쓰 쭈이 완메이더

- 옳다/맞다 是 [쓰]
- 가장/최고/제일 最 [쭈이]
- 완전하다/완벽하다 完美 [완메이]

하나님은 그분을 사랑하는 자들에게 모든 것을 합력하여 선을 이루세요.

duìyú ài shén de rén, shén huì ràng wànshì hùxiāng xiàolì,
对于爱神的人，神会让万事互相效力，
뚜이위 아이선더런, 선후이 랑 완쓰 후샹샤오리,

jiào ài shén de rén dé yìchù
叫爱神的人得益处。
쨔오 아이 선더런 더 이추

하나님의 선하신 때와 방법으로 하시는 응답을 기다리며 기도해요.

wǒmen yào dǎogào, děngdài shén ànzhào shén de
我们要祷告，等待神按照神的
워먼 야오 다오까오, 덩따이 선 안쨔오 선더

shíjiān hé fāngfǎ gěi wǒmen yìngdá
时间和方法给我们应答。
스지엔 허 황화 게이워먼 잉다

하나님의 영광을 위한 그분의 뜻이에요.

zhè shì shén de zhǐyì,   shì wèi róngyào shén
这是神的旨意，是为荣耀神。
쩌쓰 선더 즈이, 쓰 웨이 룽야오 선

- 영광 荣耀 [룽야오]

106

하나님의 계획은 언제나 선해요.

shén de jìhuà chángcháng shì zuì yǒushàn de
神的计划常常是最友善的。
선더 찌화 창창쓰 쭈이 여우싼 더

- 계획(하다) 计划 [찌화]

03 신앙적 위로: 사랑, 신실하심

하나님은 그분의 백성을 향해 신실하세요.

shén duì zìjǐ de bǎixìng shì xìnshí de
神对自己的百姓是信实的。
선 뚜이 쯔지더 바이씽 쓰 씬스더

- 신실하다/참되다 信实 [씬스]

주님을 신뢰하세요.

yào xìnlài shén
要信赖神。
야오 씬라이 선

하나님은 절대로 우리를 버려두지 않으세요

shén juéduì búhuì yíqì wǒmen
神绝对不会遗弃我们。
션 쥐뚸이 부후이 이치 워먼

하나님은 당신을 사랑하세요.

shén ài nǐ
神爱你。
션 아이니

- 사랑하다 爱 [아이]

하나님의 사랑은 변함이 없는 사랑이에요.

shén de ài shì búbiàn de ài
神的爱是不变的爱。
션더 아이 쓰 부삐엔더 아이

- 변하지 않다/불변하다 不变 [부삐엔]

한 번 받은 구원은 절대로 취소되지 않아요.

wǒmen zài jīdū lǐ dédào de yícì jiùshú shì yǒngyuǎn de,
我们在基督里得到的一次救赎是永远的,
워먼짜이 지두리 더따오더 이츠 찌유수 쓰 용웬더,

juéduì búhuì bèi qǔxiāo
绝对不会被取消。
쮜뚜이 부후이 뻬이 취샤오

- 구원하다 救赎 [찌유수]

하나님은 모든 죄를 용서해 주세요.

shén huì ráoshù wǒmen suǒyǒu de zuì
神会饶恕我们所有的罪。
선 후이 라오수 워먼 수어여우더 쭈이

- 용서하다 饶恕 [라오수]

회개하고, 사랑의 하나님께로 돌아오세요.

nǐ yào huǐgǎi, huídào shén miànqián, yīnwèi shén shì ài
你要悔改,回到神面前,因为神是爱。
니야오 후이가이, 후이따오 선 맨쳰, 인웨이 선쓰 아이

- 회개하다 悔改 [후이가이]
- 되돌아가다 回到 [후이따오]

하나님은 당신을 기다리고 계세요.

shén zài děngzhe nǐ
神在等着你。
선짜이 덩저니

모든 짐을 하나님 앞에 내려놓으세요.

bǎ　nǐ suǒyǒu de zhòngdàn dōu fàngdào shén de miànqián
把你所有的重担都放到神的面前。
바니 수어여우더 쭝단 또우 황따오 선더 맨첸

하나님의 평강이 있길 바래요.

yuàn shén de píng'ān líndào nǐ
愿神的平安临到你。
웬 선더 펑안 린따오니

- 평안하다 平安 [펑안]

04 신앙적 위로: 선한 계획

하나님께는 당신을 향한 선한 계획이 있어요.

shén duì nǐ yǒu měihǎo de jìhuà
神对你有美好的计划。

선 뚜이니 여우 메이하오더 찌화

그분은 만유의 주님이세요.

tā shì wànyǒu zhī zhǔ
祂是万有之主。

타쓰 완여우즈 주

하나님은 전능하신 분이에요.

shén shì wànnéng zhī shén
神是万能之神。

선쓰 완넝즈선

하나님께는 불가능한 것이 없어요.

shén méiyǒu bùkěnéng de shì
神没有不可能的事。

선 메이여우 부커넝더 쓰

하나님은 당신에게 가장 좋은 것을 주실 거예요.

shén huì gěi nǐ zuì hǎo de
神会给你最好的。
선후이 게이니 쭈이 하오더

05 신앙적 위로: 도우심

하나님은 당신의 필요를 알고 계세요.

shén zhīdào nǐ suǒ xūyào de
神知道你所需要的。
선 쯔따오 니수어 쉬야오더

• 필요 需要 [쉬야오]	• 아픔 疼痛 [텅퉁]
• 고통 痛苦 [퉁쿠]	• 슬픔 伤心 [상신]]

하나님은 모든 것을 알고 계세요.

shén zhīdào suǒyǒu de yíqiè
神知道所有的一切。
선 쯔따오 수어여우더 이체

하나님이 해결해 주실 거예요.

shén huì bāng nǐ jiějué
神会帮你解决。
선 후이 빵니 제쥐

- 해결하다 解决 [제쥐]

하나님이 도우실 거예요.

shén huì bāngzhù nǐ
神会帮助你。
선 후이 빵쭈니

- 돕다 帮助 [빵쭈]

하나님이 힘을 주실 거예요.

shén huì gěi nǐ lìliàng
神会给你力量。
선 후이 게이니 리량

하나님이 고쳐 주실 거예요.

shén huì yīzhì nǐ
神会医治你。
선 후이 이즈 니

- 치료하다 医治 [이즈]

하나님이 평안으로 위로해 주실 거예요.

shén huì yòng píng'ān ānwèi nǐ
神会用平安安慰你。
선 후이 융 펑안 안웨이 니

- 위로하다 安慰 [안웨이]

우리, 하나님의 도우심을 간구해요.

wǒmen yìqǐ qíqiú shén de bāngzhù ba
我们一起祈求神的帮助吧。
워먼 이치 치치유 선 더 빵쭈 바

하나님은 우리의 모든 기도를 들으세요.

shén huì tīng wǒmen suǒyǒu de dǎogào
神会听我们所有的祷告。

선 후이 팅 워먼 수어여우더 다오까오

하나님이 당신의 모든 눈물을 닦아 주실 거예요.

shén huì cāqù nǐ suǒyǒu de lèishuǐ
神会擦去你所有的泪水。

선 후이 차취 니 수어여우더 레이수이

- 눈물 泪水 [레이수이]
- 닦다 擦 [차]

06 신앙적 위로: 권면

마음을 열고, 주님의 말씀을 들어요.

dǎkāi nǐ de xīnmén, chuítīng shén de huàyǔ
打开你的心门，垂听神的话语。

다카이 니더 신먼, 추이팅 선더 화위

- 하나님의 말씀 神的话语 [선더 화위]

기도로 하루를 시작하세요.

yòng dǎogào kāishǐ yìtiān de shēnghuó
用祷告开始一天的生活。
융 다오까오 카이스 이톈더 썽훠

- 기도 祷告 [다오까오]

매일매일 성경 읽기를 노력해 보세요.

měitiān nǔlì dú shèngjīng
每天努力读圣经。
메이톈 누리 두썽징

- 읽다/낭독하다 读 [두]
- 노력하다/힘쓰다 努力 [누리]

최선을 다하고, 결과는 하나님께 맡겨요.

nǐ yào jìn zuìdà nǔlì qùzuò, jiéguǒ yào jiāogěi shén
你要尽最大努力去做，结果要交给神。
니야오 찐 쭈이따 누리 취쭤, 졔궈 야오 쟈오게이션

- 결과/열매 结果 [졔궈]
- 맡기다 交给 [쟈오게이]

하나님을 원망하지 마세요.

búyào mányuàn shén
不要埋怨神。
부야오 만웬 선

하나님은 당신의 불평불만을 기뻐하지 않으세요.

shén bùxǐyuè nǐ de bùpíngbùmǎn
神不喜悦你的不平不满。
선 부시웨 니더 부핑부만

- 시기 妒忌 [두지]
- 질투 嫉妒 [지두]
- 미움 怨恨 [웬헌]

우리, 자족하기를 함께 연습해 봐요

wǒmen yìqǐ nǔlì zhīzú ba
我们一起努力知足吧。
워먼 이치 누리 쯔주바

- 자족하다/만족스럽게 여기다 知足 [쯔주]

하나님이 기뻐하실 거예요.

shén huì hěn gāoxìng
神会很高兴。

선 후이 헌 까오씽

- 기쁘다 高兴 [까오씽]

하나님이 무엇을 기뻐하실지 깊이 생각해 보세요.

nǐ yào rènzhēn sīkǎo shén xǐyuè de shì shénme
你要认真思考神喜悦的是什么。

니 야오 런전 스카오 선 시웨더 쓰선머

주신 모든 것에 대해 하나님께 감사드려요.

yào gǎnxiè shén cìgěi nǐ de suǒyǒu yíqiè
要感谢神赐给你的所有一切。

야오 간씨에선 츠게이 니더 수어여우 이체

- 감사하다 感谢 [간씨에]

범사에 감사드려요.

fánshì xiè'ēn
凡事谢恩。

환쓰 씨에언

- 은혜에 감사하다 谢恩 [씨에언]

우리는 그리스도 안에서 가족이에요.

wǒmen zài jīdū lǐ shì yìjiārén
我们在基督里是一家人。

워먼 짜이 지두리 쓰 이쟈런

- 그리스도 基督 [지두]

기억하고 기도할게요.

wǒ huì jìzhù, wèi nǐ dǎogào
我会记住，为你祷告。

워 후이 찌쭈, 웨이니 다오까오

07 일상의 위로

잊어요.

wàngjì bā
忘记吧。

왕찌바

제가 있잖아요.

búshì háiyǒu wǒ ma
不是还有我吗。

부쓰 하이여우 워마

제 도움이 필요하면 말해요.

rúguǒ xūyào wǒ de bāngzhù, qǐng gàosu wǒ
如果需要我的帮助，请告诉我。

루궈 쉬야오 워더 빵쭈, 칭 까오쑤 워

내가 필요하면 전화해요.

rúguǒ xūyào wǒ, qǐng gěi wǒ dǎdiànhuà
如果需要我，请给我打电话。
루궈 쉬야오 워, 칭게이워 다땐화

할 수 있어요.

nǐ kěyǐ de
你可以的。
니커이더

한 번 해봐요.

shìyíshì ba
试一试吧。
쓰이쓰바

참고 견뎌 봐요.

rěnyīrěn ba
忍一忍吧。
런이런바

최선을 다해 봐요.

jìn quánlì shìyíshì
尽全力试一试。

찐 첸리 쓰이쓰

당신은 최선을 다했어요.

nǐ yǐjīng jìnlì le
你已经尽力了。

니 이징 찐리러

그만 불평해요.

búyào zài mányuàn le
不要再埋怨了。

부야오 짜이 만웬러

너무 무리하지 마요.

búyào tài miǎnqiǎng
不要太勉强。

부야오 타이 맨챵

좀 쉬었다 해요.

xiūxīyíxià zài zuò ba
休息一下再做吧。

씨유시이쌰 짜이 쭤바

좀 자고 일어나요.

shuì yíjiào zài qǐlái ba
睡一觉再起来吧。

쑤이 이쨔오 짜이 치라이바

긴장 풀고 진정해요.

qǐng fàng qīngsōng, bǎochí zhèndìng
请放轻松，保持镇定。

칭 황칭송, 빠오츠쩐띵

숨을 크게 들이마시고 진정해요.

qǐng shēnhūxī, bǎochí zhèndìng
请深呼吸，保持镇定。

칭 썬후시, 빠오츠쩐띵

걱정 말아요.

búyào dānxīn
不要担心。

부야오 딴신

사는 게 다 그렇죠 뭐.

shēnghuó dōushì zhèyàng de
生活都是这样的。

셩훠 또우쓰 쩌양더

괜찮아질 거예요.

huì hǎoqǐlái de
会好起来的。

후이 하오치라이더

빨리 완쾌해요.

qǐng kuàidiǎn hǎoqǐlái
请快点好起来。

칭 콰이디엔 하오치라이

CHAPTER 4

왕초보, 외국인 친구와
기도하기

祷告吧

01 기본 표현: 같이 기도해요

- 기도하다 祷告 [다오까오]

우리, 하나님께 기도해요.

wǒmen yìqǐ xiàng shén dǎogào ba
我们一起向神祷告吧。
워먼 이치 샹 선 다오까오바

나랑 기도할래요?

nǐ yào hé wǒ yìqǐ dǎogào ma
你要和我一起祷告吗?
니야오 허워 이치 다오까오마

하나님께 기도해 본 적 있어요?

nǐ xiàng shén dǎogào guò ma
你向神祷告过吗?
니 샹 선 다오까오 꿔마

두 손을 모으고 눈을 감고 기도해요.

hé qǐ shuāngshǒu, bìshàng yǎnjing, dǎogào
合起双手，闭上眼睛，祷告。

허치 쐉서우, 삐쌍 옌징, 다오까오

우리 기도하면서 하나님께 지혜를 간구해요.

wǒmen yào dǎogào, qíqiú shén cìgěi wǒmen zhìhuì
我们要祷告，祈求神赐给我们智慧。

워먼 야오 다오까오, 치치유 선 츠게이 워먼 쯔후이

- 지혜 智慧 [쯔후이]
- 도움 帮助 [빵쭈]
- 인도 引导 [인다오]
- 뜻 旨意 [즈이]

02 기본 표현: 하나님 이름 부르기

주님	zhǔ 主 [주]
하나님 아버지	tiānfù 天父 [톈푸]
창조주 하나님	chuàngzào zhǔ shén 创造主神 [촹짜오 주 선]
절대주권의 하나님	juéduì zhǔquán de shén 绝对主权的神 [쥐뚜이 주췐더 선]
전능하신 하나님	quánnéng de shén 全能的神 [췐넝더 선]
거룩하신 하나님	shèngjié de shén 圣洁的神 [셩제더 선]
의로우신 하나님	gōngyì de shén 公义的神 [꿍이더 선]

선하신 하나님	liángshàn de shén **良善的神**	[량싼더 선]
사랑의 하나님	cí'ài de shén **慈爱的神**	[츠아이더 선]
은혜로우신 하나님	ēndiǎn de shén **恩典的神**	[언디엔더 선]
자비로우신 하나님	cíbēi de shén **慈悲的神**	[츠베이더 선]
오래 참으시는 하나님	héngjiǔ rěnnài de shén **恒久忍耐的神**	[헝찌유런나이더 선]
구원의 하나님	jiùshú de shén **救赎的神**	[찌유수더 선]
신실하신 하나님	xìnshí de shén **信实的神**	[씬스더 선]
영원하신 하나님	yǒngyuǎn de shén **永远的神**	[융웬더 선]

기도하기

03 기본 표현: 회개 / 감사 / 간구하기

주님, 감사합니다.

zhǔa, gǎnxiè nǐ
主啊，感谢你。

주아, 간씨에니

우리를 불쌍히 여겨 주세요.

qiú nǐ liánmǐn wǒmen
求你怜悯我们。

치유니 롄민 워먼

주님, 용서해 주세요.

zhǔa, qiú nǐ ráoshù wǒmen
主啊，求你饶恕我们。

주아, 치유니 라오수 워먼

우리에게 믿음 주세요.

qiú nǐ cìgěi wǒmen xìnxīn
求你赐给我们信心。
치유니 츠게이 워먼 씬신

- 믿음 信心 [씬신]

주님, 도와주세요.

zhǔa, qiú nǐ bāngzhù wǒmen
主啊，求你帮助我们。
주아, 치유니 빵쭈 워먼

주님, 힘을 주세요.

zhǔa, qiú nǐ cìgěi wǒmen lìliàng
主啊，求你赐给我们力量。
주아, 치유니 츠게이 워먼 리량

주님, 고쳐 주세요.

zhǔa, qiú nǐ yīzhì wǒmen
主啊，求你医治我们。
주아, 치유니 이즈 워먼

주님, 살려 주세요.

zhǔa,   qiú nǐ jiù wǒ
主啊，求你救我。
주아, 치유니 찌유워

지혜를 주세요.

qiú nǐ cìgěi wǒmen zhìhuì
求你赐给我们智慧。
치유니 츠게이 워먼 쯔후이

우리의 생각과 행동을 인도해 주세요.

qiú nǐ yǐndǎo wǒmen de sīxiǎng hé xíngdòng
求你引导我们的思想和行动。
치유니 인다오 워먼더 스샹 허 씽뚱

04 기본 표현: 마무리

예수님의 이름으로 기도드립니다. 아멘.

fèng zhǔ yēsū jīdū de míng dǎogào āmén

奉主耶稣基督的名祷告。阿门。

휭 주 예수지두더 밍 다오까오. 아멘

- 예수 그리스도 耶稣 基督 [예수 지두]

05 식사 기도

식사기도 해 주시겠어요?

kěyǐ wèi wǒmen zuò xièfàn dǎogào ma

可以为我们做谢饭祷告吗?

커이 웨이 워먼 쮀 씨에환 다오까오마

날마다 우리에게 일용할 양식을 주셔서 감사합니다.

gǎnxiè shén měitiān cìgěi wǒmen rìyòng de yǐnshí

感谢神每天赐给我们日用的饮食。

간씨에션 메이텐 츠게이 워먼 르융더 인스

사랑하는 친구와 함께 식사 시간을 갖게 해 주셔서 감사합니다.

gǎnxiè shén cìgěile wǒ, kěyǐ hé suǒài de
感谢神赐给了我，可以和所爱的
간씨에선 츠게이러워, 커이 허 수어아이더

péngyǒumen yìqǐ chīfàn de zhège shíjiān
朋友们一起吃饭的这个时间。
펑여우먼 이치 츠환더 쩌거 스지엔

식사 시간을 축복해 주세요.

qiú nín zhùfú wǒmen zhège chīfàn de shíjiān
求您祝福我们这个吃饭的时间。
치유닌 쭈푸워먼 쩌거 츠환더 스지엔

나누는 모든 대화 위에 복을 주시고, 은혜로운 교제가 있게 해 주세요.

cìfú yú wǒmen suǒyǒu de tánhuà,
赐福于我们所有的谈话，
츠푸위 워먼 수어여우더 탄화,

kěyǐ chéngwéi ēndiǎn de jiāotōng
可以成为恩典的交通。
커이 청웨이 언디엔더 쟈오퉁

- 교제하다 交通 [쟈오퉁]

06 고향을 그리워하는 친구

주님, 리사가 고향을 그리워합니다.

zhǔa, Lisa xiǎngniàn tā de gùxiāng

主啊，Lisa 想念他的故乡。

주아, 리사 샹녠 타더 꾸샹

- 고향 故乡 [꾸샹]
- 그리워하다 想念 [샹녠]

집과 가족과 친구들을 그리워합니다.

xiǎngniàn tā de jiārén, háiyǒu péngyou

想念她的家人，还有朋友。

샹녠 타더 쟈런, 하이여우 펑여우

- 가족 家人 [쟈런]
- 친구 朋友 [펑여우]

친구의 마음을 위로해 주시고, 평안을 주세요.

qiú nín ānwèi tā, gěi tā píng'ān

求您安慰她，给她平安。

치유닌 안웨이타, 게이타 핑안

- 위로하다 安慰 [안웨이]

고향에 있는 가족과 친구들을 보호해 주시고, 건강을 주세요.

qiú nín bǎohù gùxiāng de jiārén hé péngyǒumen,
求您保护故乡的家人和朋友们，

치유닌 빠오후 꾸샹더 쟈런 허 펑여우먼,

cìgěi tāmen jiànkāng
赐给他们健康。

츠게이 타먼 찌엔캉

이곳에서 좋은 친구들과의 만남을 통해 위로해 주세요.

tōngguò zài zhèli de hǎo péngyǒumen de jiāotōng, ānwèi tā
通过在这里的好朋友们的交通，安慰她。

통꿔 짜이 쩌리더 하오펑여우먼더 쟈오퉁, 안웨이타

07 억울한 일을 당한 친구

with

하나님, 리사가 억울한 일을 당했습니다.

shéna, Lisa yùdàole wěiqu de shìqing
神啊，Lisa 遇到了委屈的事情。

선아, 리사 위따오러 웨이취더 쓰칭

곤경에 처했어요.

chǔzài kùnjìng lǐ
处在困境里。
추짜이 쿤찡리

이 문제를 도와줄 수 있는 사람을 만나게 해 주세요.

qiú nín ràng tā yùdào,
求您让她遇到,
치유닌 랑타 위따오,

kěyǐ bāngzhù tā jiějué zhège wèntí de rén
可以帮助她解决这个问题的人。
커이 빵쭈타 제쥐 쩌거 원티더런

지혜와 도움의 손길을 주세요.

qiú nín cìgěi tā zhìhuì hé bāngzhù
求您赐给她智慧和帮助。
치유닌 츠게이타 쯔후이 허 빵쭈

하나님이 기뻐하시는 모습으로 어려움을 잘 통과하도록 인도해 주세요.

qiú nín yǐndǎo tā, yǐ shén xǐyuè de fāngshì tōngguò kǔnàn
求您引导她，以神喜悦的方式通过苦难。

치유닌 인다오타, 이 선 시웨더 황쓰 퉁꿔 쿠난

- 고난 苦难 [쿠난]
- 통과하다 通过 [퉁꿔]

08 교통사고를 당한 친구

with

하나님, 존이 교통사고를 당했습니다.

shéna, John yùdào le chēhuò
神啊，John 遇到了车祸。

선아, 존 위따오러 처훠

- 교통사고 车祸 [처훠]

속히 안정을 찾을 수 있도록 도와주세요.

qiú nín bāngzhù tā, jǐnkuài huīfù wěndìng
求您帮助他，尽快恢复稳定。

치유닌 빵쭈타, 찐콰이 후이푸 원띵

크게 다치지 않게 해 주셔서 감사합니다.

gǎnxiè nín, méiyǒu ràng tā shòudào hěndà de shāng
感谢您，没有让他受到很大的伤。
간씨에닌, 메이여우 랑타 써우따오 헌따더쌍

상대편 차에 타고 있던 사람들도 보호해 주셔서 감사합니다.

yě gǎnxiè nín, bǎohù le zuòzài duìfāng chē lǐ de rén
也感谢您，保护了坐在对方车里的人。
예 간씨에닌, 빠오후러 쭤짜이 뚜이팡 처 리더런

- 보호하다 保护 [빠오후]

근육통이나 그 외의 통증으로 고생하지 않도록 도와주세요.

qiú nín bāngzhù,
求您帮助，
치유닌 빵쭈,

búyào yīnwèi jīròu huòzhě qítā de téngtòng shòukǔ
不要因为肌肉或者其他的疼痛受苦。
부야오 인웨이 지러우 훠저 치타더 텅퉁 써우쿠

- 근육 肌肉 [지러우]
- 아프다 疼痛 [텅퉁]
- 고통을 받다/고생을 하다 受苦 [써우쿠]

사고를 처리하고 보상을 받는 과정에서도 함께해 주세요.

zài chǔlǐ shìgù, hé jiēshòu bǔcháng de guòchéng dāngzhōng,
在处理事故，和接受补偿的过程当中，
짜이 추리 쓰꾸, 허 제써우 부창더 꿔청당중,

qiú nín yě yǔ tā tóngzài
求您也与他同在。
치유닌 예 위 타 퉁짜이

09 아픈 친구 ~ with ~

하나님, 존이 많이 아픕니다.

shéna, John hěn bù shūfu
神啊，John 很不舒服。
선아, 존 헌뿌수푸

오랜 질병으로 많이 낙심한 상태에 있습니다.

yīnwèi cháng shíjiān de jíbìng, chǔzài huīxīn de zhuàngtàilǐ
因为长时间的疾病，处在灰心的状态里。
인웨이 창스지엔더 지삥, 추짜이 후이신더 쫭타이리

- 질병 疾病 [지삥]
- 낙심하다 灰心 [후이신]

건강 때문에 많이 스트레스를 받고 있습니다.

yīnwèi jiànkāng wèntí,　shòudào hěnduō yālì
因为健康问题，受到很多压力。

인웨이 찌엔캉원티, 써우따오 헌둬야리

- 건강(하다) 健康 [찌엔캉]
- 스트레스 压力 [야리]

불쌍히 여겨 주세요.

qiú nín kělián tā
求您可怜他。

치유닌 커롄타

- 불쌍하다 可怜 [커롄]

전능하신 손길로 고쳐 주세요.

yòng nín quánnéng de shǒu yīzhì tā
用您全能的手医治他。

융닌 췐넝더 서우 이즈타

병원비가 해결되도록 도와주세요.

bāngzhù tā jiějué zhùyuànfèi
帮助他解决住院费。
빵쭈타 제쥐 쭈웬페이

- 해결하다/제거하다 解决 [제쥐]
- 병원비/입원료 住院费 [쭈웬페이]

언제나 하나님의 선한 뜻을 간구하게 해 주세요.

ràng tā chángcháng qíqiú shén de měiyì
让他常常祈求神的美意。
랑타 창창 치치유 선더 메이이

은혜와 자비를 내려 주세요.

qiú nín cìgěi tā ēndiǎn hé cíbēi
求您赐给他恩典和慈悲。
치유닌 츠게이타 언디엔 허 츠베이

- 은혜 恩典 [언디엔]
- 자비 慈悲 [츠베이]

10 병원에 입원한 친구 ⁓with⁓

주님, 존이 병원에 입원했습니다.

zhǔa,　　John　zhùyuàn le
主啊，John 住院了。
주아, 존 쭈웬러

- 입원하다 住院 [쭈웬]

좋은 의사와 간호사를 만나서 잘 치료받을 수 있도록 도와주세요.

qiú nín bāngzhù tā,　ràng tā kěyǐ yùdào
求您帮助他，让他可以遇到
치유닌 빵쭈타, 랑타 커이 위따오

hǎo de yīshēng hé hùshi,　dédào hǎo de zhìliáo
好的医生和护士，得到好的治疗。
하오더 이성허후스, 더따오 하오더 즈랴오

- 의사 医生 [이성]
- 간호사 护士 [후스]
- 치료받다 治疗 [즈랴오]

입원하는 동안 안식을 얻고 회복하여서 속히 퇴원할 수 있게 해 주세요.

zài zhùyuàn de zhè duàn qījiān,
在住院的这段期间,
짜이 쭈웬더 쩌돤 치지엔,

qiú nín ràng tā dédào huīfù, kěyǐ jìnkuài chūyuàn
求您让他得到恢复,可以尽快出院。
치유닌 랑타 더따오 후이푸, 커이 찐콰이 추웬

- 회복하다 恢复 [후이푸]
- 퇴원하다 出院 [추웬]

함께 있는 병실의 다른 환자들과도 잘 지내게 해 주세요.

ràng tā kěyǐ hé qítā de huànzhěmen yǒuhǎo xiāngchǔ
让他可以和其他的患者们友好相处。
랑타 커이 허 치타더 환저먼 여우하오 샹추

- 함께 지내다 相处 [샹추]
- 우호적이다 友好 [여우하오]

11 수술을 앞둔 친구

≳ with ≲

주님, 존이 수술을 앞두고 있습니다.

zhǔa,　　John　zhèngzài miànlín shǒushù
主啊，John 正在面临手术。
주아, 존 쩡짜이 맨린 서우쑤

- 수술(하다) 手术 [서우쑤]

마음의 평안을 주시고, 두렵지 않게 해 주세요.

qiú nín gěi tā píng'ān de xīn,　　búyào ràng tā gǎndào hàipà
求您给他平安的心，不要让他感到害怕。
치유닌 게이타 핑안더신, 부야오 랑타 간따오 하이파

- 두려워하다 害怕 [하이파]

수술을 집도하는 의사 선생님에게 지혜를 주셔서, 성공적으로 수술이 진행되도록 도와주세요.

qiú nín cìgěi zhǔ dāo yīshēng zhìhuì,
求您赐给主刀医生智慧，
치유닌 츠게이 주다오이성 쯔후이,

ràng tā kěyǐ chénggōng de wánchéng shǒushù
让他可以成功的完成手术。
랑타 커이 청궁더 완청 서우쑤

수술 부위에 염증이 일어나지 않게 해 주세요.

qiú nín búyào ràng tā de shǒushù bùwèi chūxiàn yánzhèng
求您不要让他的手术部位出现炎症。
치유닌 부야오 랑타더 서우쑤뿌웨이 추씨엔 옌쩡

- 염증 炎症 [옌쩡]

후유증이나 합병증으로 고생하지 않게 해 주세요.

búyào ràng tā fāshēng rènhé de hòuyízhèng hé bìngfāzhèng
不要让他发生任何的后遗症和并发症。
부야오 랑타 화성 런허더 허우이쩡 허 삥화쩡

- 후유증 后遗症 [허우이쩡]   · 합병증 并发症 [삥화쩡]

잘 회복하여서 일상생활에 빨리 복귀할 수 있게 해 주세요.

ràng tā hǎohao huīfù,
让他好好恢复，
랑타 하오하오 후이푸,

kěyǐ　jìnkuài huídào rìchángshēnghuó dāngzhōng
可以尽快回到日常生活当中。
커이 찐콰이 후이따오 르창셩휘 땅중

12 시험을 앞둔 친구 ≳with≲

주님, 존이 중요한 시험을 앞두고 있습니다.

zhǔa,　　John zhèng miànlínzhe zhòngyào de kǎoshì
主啊， John 正面临着重要的考试。
주아, 존 쩡 맨린저 쭝야오더 카오쓰

- 시험(을 치다) 考试 [카오쓰]

그 동안 공부한 모든 내용 놓치지 않고 기억나게 해 주세요.

qiú nín ràng tā jìzhù, xuéxí guò de suǒyǒu nèiróng
求您让他记住，学习过的所有内容。
치유닌 랑타 찌쭈, 쉐시꿔더 수어여우 네이룽

- 공부하다 学习 [쉐시]
- 확실히 기억하다 记住 [찌쭈]

지혜를 주세요.

cìgěi tā zhìhuì
赐给他智慧。
츠게이타 쯔후이

편안한 마음으로 시험 잘 치르게 해 주세요.

yòng píng'ān de xīn, miànduì kǎoshì
用平安的心，面对考试。
융 핑안더신, 맨뚜이 카오쓰

13 학업 중인 친구

하나님, 친구에게 지혜와 건강을 주셔서 공부를 잘 할 수 있도록 도와주세요.

shéna, qiú nín cìgěi péngyou zhìhuì hé jiànkāng,
神啊，求您赐给朋友智慧和健康，
선아, 치유닌 츠게이 펑여우 쯔후이 허 찌엔캉,

ràng tā kěyǐ yòngxīn xuéxí
让他可以用心学习。
랑타 커이 융신 쉐시

좋은 선생님과 학우들을 만나게 해 주세요.

ràng tā kěyǐ yùdào hǎo de lǎoshī hé tóngxuémen
让他可以遇到好的老师和同学们。
랑타 커이 위따오 하오더 라오스 허 퉁쉐먼

- 선생님 老师 [라오스]
- 학우/같은 학교를 다니다 同学 [퉁쉐]
- 만나다 遇到 [위따오]

언제나 즐겁게 최선을 다해서 공부할 수 있도록 도와주세요.

bāngzhù tā, chángcháng kěyǐ yòng xǐlè de xīn,
帮助他，常常可以用喜乐的心，
빵쭈타, 창창 커이 융 시러더신,

jìn zuìdà nǔlì qù xuéxí
尽最大努力去学习。
찐 쭈이따 누리 취 쉐시

14 면접을 앞둔 친구 ≥ with ≥

하나님, 존이 취업 면접을 앞두고 있습니다.

shéna, John zhèng miànlínzhe jiùyè miànshì
神啊，John 正面临着就业面试。
선아, 존 쩡 맨린저 찌유예 맨쓰

- 면접(을 보다) 面试 [맨쓰]

침착하고 편안하게 면접을 치를 수 있게 해 주세요.

ràng tā kěyǐ rènzhēn de, píng'ān de miànshì
让他可以认真的，平安的面试。
랑타 커이 런전더, 핑안더 맨쓰

좋은 컨디션을 주세요.

gěi tā hǎo de jīngshen
给他好的精神。

게이타 하오더 찡선

- 컨디션/정신 精神 [찡선]

면접관들에게 좋은 인상을 주게 해 주세요.

ràng tā gěi miànshìguānmen liúxià hǎo yìnxiàng
让他给面试官们留下好印象。

랑타 게이 맨쓰관먼 류쌰 하오 인쌍

- 인상 印象 [인쌍]

면접관들의 마음을 주장해 주셔서 좋은 결과가 있게 해 주세요.

qiú nín zhǔguǎn miànshìguānmen de xīn,
求您主管面试官们的心,

치유닌 주관 맨쓰관먼더신,

néng dédào hǎo de jiéguǒ
能得到好的结果。

넝 더따오 하오더 졔궈

15 한국문화, 한국말을 어려워하는 친구 with

하나님, 고향을 떠나 먼 나라에서 고생하고 있는 친구를 위로해 주세요.

shéna, qiú nín ānwèi nàxiē, yuǎnlí gùxiāng,
神啊，求您安慰那些，远离故乡，
선아, 치유닌 안웨이 나씨에, 웬리 꾸샹,

zài yìxiāng shòukǔ de péngyou
在异乡受苦的朋友。
짜이 이샹 써우쿠더 펑여우

한국문화에 빨리 적응할 수 있도록 도와주세요.

bāngzhù tā jìnkuài shìyìng hánguó wénhuà
帮助他尽快适应韩国文化。
빵쭈타 찐콰이 쓰잉 한궈 원화

- 적응하다 适应 [쓰잉]

좋은 친구들을 많이 만나게 해 주세요.

ràng tā yùdào hěnduō hǎo péngyǒu
让他遇到很多好朋友。
랑타 위따오 헌둬 하오 펑여우

한국말을 배우는 데에도 어려움이 없도록 도와주세요.

bāngzhù tā,　　xuéhǎo hányǔ
帮助他，学好韩语。

빵쭈타, 쉐하오 한위

16 직장을 구하는 친구　　　with

하나님, 존이 직장을 구하고 있습니다.

shénna,　　John zhèngzài zhǎogōngzuò
神啊，John 正在找工作。

선아, 존 쩡짜이 쟈오 꿍쭤

- 직장/직업/일자리 工作 [꿍쭤]
- 찾다/구하다 找 [쟈오]

즐겁게 일할 수 있는 일자리를 허락해 주세요.

qiú nín cìgěi tā,　　kěyǐ　kāixīn de gōngzuò de dìfang
求您赐给他，可以开心的工作的地方。

치유닌 츠게이타, 커이 카이신더 꿍쭤더 띠황

원하는 직장에 꼭 맞는 곳을 만나게 해 주세요.

ràng tā kěyǐ zhǎodào zìjǐ xiǎngyào zuò de gōngzuò
让他可以找到自己想要做的工作。

랑타 커이 쟈오따오 쯔지 샹야오 쭤더 꿍쭤

주일을 성수할 수 있는 직장을 허락해 주세요.

cìgěi tā,   kěyǐ zūnshǒu zhǔrì de gōngzuò
赐给他，可以遵守主日的工作。

츠게이타, 커이 준서우 주르더 꿍쭤

- 주일 主日 [주르]
- 준수하다/지키다 遵守 [준서우]

좋은 상사와 직장동료들을 만나게 해 주세요.

bāngzhù tā yùdào hǎo de shàngsi hé tóngshì
帮助他遇到好的上司和同事。

빵쭈타 위따오 하오더 쌍스허 퉁쓰

- 상사 上司 [쌍스]
- 함께 일하다 同事 [퉁쓰]

크리스천 동료들을 만나게 해 주세요.

bāngzhù tā yùdào   jīdūtú   tóngshì
帮助他遇到基督徒同事。

빵쭈타 위따오 지두투 퉁쓰

- 크리스천/기독교인 基督徒 [지두투]

17 직장생활로 힘들어하는 친구
≥ with ≤

하나님, 존이 직장생활로 어려워하고 있습니다.

shéna,   John   yīnwèi gōngzuò,   gǎndào hěnlèi
神啊，John 因为工作，感到很累。

선아, 존 인웨이 꿍쭤, 간따오 헌레이

상사와 오해가 쌓인 것 같습니다.

hǎoxiàng hé shàngsi yǒule   wùhuì
好像和上司有了误会。

하오쌍 허 쌍스 여우러 우후이

- 오해하다 误会 [우후이]

이 어려움을 잘 극복할 수 있도록 도와주세요.

bāngzhù tā, kěyǐ kèfú zhège kùnnan
帮助他，可以克服这个困难。

빵쭈타, 커이 커푸 쩌거 쿤난

- 극복하다/인내하다 克服 [커푸]

지혜와 능력을 주셔서 회사에서 인정받게 해 주세요.

cìgěi tā zhìhuì hé nénglì,
赐给他智慧和能力，

츠게이타 쯔후이 허 넝리,

kěyǐ zài gōngsī dédào rènkě
可以在公司得到认可。

커이 짜이 꿍스 더따오 런커

- 지혜 智慧 [쯔후이]
- 능력 能力 [넝리]
- 회사/직장 公司 [꿍스]
- 인정받다/승낙하다 认可 [런커]

경험과 경력을 잘 쌓을 수 있게 해 주세요.

ràng tā jīlěi jīngyàn hé jīnglì
让他积累经验和经历。

랑타 지레이 찡옌허 찡리

- 경험(하다) 经验 [찡옌]
- 경력 经历 [찡리]
- 쌓이다/누적하다 积累 [지레이]

18 경제적 어려움을 겪고 있는 친구 ≤ with ≤

하나님, 존이 경제적으로 어려움을 겪고 있습니다.

shéna, John jīngjì shàng yǒu kùnnan
神啊，John 经济上有困难。
선아, 존 징찌샹 여우 쿤난

- 어려움/어렵다 困难 [쿤난]

감당하기 어려울 정도로 힘든 상황입니다.

shì tā wúfǎ dāndāng de qíngkuàng
是他无法担当的情况。
쓰타 우화 딴당더 칭쾅

이 난관을 어떻게 극복해야 하는지 지혜를 주세요.

qiú nín cìgěi tā zhìhuì,
求您赐给他智慧，

치유닌 츠게이타 쯔후이,

ràng tā kěyǐ kèfú zhège nánguān
让他可以克服这个难关。

랑타 커이 커푸 쩌거 난관

노력하는 친구에게 하나님께서 공급해 주세요.

duìyú nǔlì de rén, shén huì gòngjǐ tā
对于努力的人，神会供给他。

뚜이위 누리더런, 선후이 꿍지타

생활비를 얻을 수 있는 선하고 쉬운 길을 허락해 주세요.

gěi tā kāiqǐ yìtiáo hǎo de, róngyì de dàolù,
给他开启一条好的，容易的道路，

게이타 카이치 이탸오 하오더, 룽이더 따오루,

kěyǐ zhuàn dào shēnghuófèi
可以赚到生活费。

커이 쫜따오 성훠페이

- 생활비 生活费 [성훠페이]

힘과 용기를 주세요.

qiú nín cìgěi tā lìliàng hé yǒngqì
求您赐给他力量和勇气。

치유닌 츠게이타 리량 허 융치

- 힘 力量 [리량]
- 용기 勇气 [융치]

≽ 19 가정불화로 힘들어하는 친구 ≼   ≽ with ≼

주님, 존이 가정불화로 힘들어합니다.

zhǔa, John yīnwèi jiātíng bùhé, hěn chīlì
主啊，John 因为家庭不和，很吃力。

주아, 존 인웨이 쟈팅뿌허, 헌츠리

- 가정 家庭 [쟈팅]
- 힘들다 吃力 [츠리]
- 불화/화목하지 않다 不和 [뿌허]

부부 사이에 여러 갈등과 오해가 쌓였습니다.

fūqīzhījiān　　　yǒu le hěnduō　mócā　hé　wùhuì
夫妻之间有了很多摩擦和误会。
푸치즈지엔 여우러 헌둬 모차 허 우후이

- 부부 夫妻 [푸치]
- 갈등/마찰하다 摩擦 [모차]
- 오해하다 误会 [우후이]

그 동안 참아왔던 것들이 한꺼번에 밀려와서, 감당하기 어려워합니다.

cháng shíjiān rěnnài de,　　yícìxìng　de　bàofā le,
长时间忍耐的，一次性的爆发了，
창스지엔 런나이더, 이츠씽더 빠오화러,

suǒyǐ　hěnnán dāndāng
所以很难担当。
수어이 헌난딴당

가정을 지키고 싶어합니다.

tā xiǎng shǒuzhù tā de　jiātíng
他想守住他的家庭。
타 샹 서우쭈 타더 쟈팅

다시 화목한 가정이 되길 원합니다.

tā xīwàng tā de jiātíng néng chóngxīn chéngwéi hémù de jiātíng
他希望他的家庭能重新成为和睦的家庭。

타 시왕 타더 쟈팅 넝 충신 청웨이 허무더 쟈팅

- 화목하다/사이가 좋다 和睦 [허무]

전능의 하나님이 서로의 마음을 부드럽게 하셔서 서로 사랑하게 해 주세요.

quánnéng de shén, qiú nín róngjiě tāmen bǐcǐ de xīn,
全能的神，求您溶解他们彼此的心，

췬넝더선, 치우닌 룽제 타먼 비츠더신,

ràng tāmen bǐcǐ xiāng'ài
让他们彼此相爱。

랑 타먼 비츠 샹아이

- 전능의 全能 [췬넝]
- 서로 사랑하다 相爱 [샹아이]

서로를 향한 마음과 말과 행동에 지혜가 있게 해 주세요.

ràng tāmen de xīn hé huàyǔ, xíngdòng lǐ, dōu yǒu zhìhuì
让他们的心和话语，行动里，都有智慧。

랑 타먼더신 허 화위, 씽뚱리, 또우 여우 쯔후이

20 삶의 의욕을 잃은 친구

하나님, 존이 삶의 의욕을 잃고 많이 힘들어합니다.

shéna, John shīqù le shēnghuó de rèqíng
神啊，John 失去了生活的热情。
선아, 존 스취러 썽훠더 러칭

- 잃다/잃어버리다 失去 [스취러]

하나님 안에서 삶의 목적과 의미를 찾을 수 있게 도와주세요.

qiú nín bāngzhù tā, ràng tā kěyǐ zài shén lǐmiàn
求您帮助他，让他可以在神里面，
치유닌 빵쭈타, 랑타 커이 짜이 선리맨,

zhǎodào shēnghuó de mùdì hé yìyì
找到生活的目的和意义。
쟈오따오 썽훠더 무디허 이이

- 목적 目的 [무디]
- 의미 意义 [이이]

하나님의 사랑 안에서, 자신이 얼마나 소중한 존재인지 깨닫게 해 주세요.

zài shén de ài lǐ,
在神的爱里，
짜이 선더 아이리,

ràng tā míngbai zìjǐ shì duōme zhēnguì de cúnzài
让他明白自己是多么珍贵的存在。
랑타 밍바이 쯔지쓰 둬머 쩐꾸이더 춘짜이

- 소중하게 여기다 珍贵 [쩐꾸이]
- 깨닫다/명백하다/이해하다 明白 [밍바이]

자신 안에 있는 하나님의 형상을 존중하고 사랑하게 해 주세요.

ràng tā zūnzhòng zìjǐ xīn lǐmiàn de shén de xíngxiàng, ài shén
让他尊重自己心里面的神的形象，爱神。
랑타 쭌쫑 쯔지 신리맨더 선더 씽썅, 아이선

- 하나님의 형상 神的形象 [선더 씽썅]
- 존중하다 尊重 [쭌쫑]

하나님이 그에게 주신 달란트들을 찾아 누리게 해 주세요.

bāngzhù tā　kěyǐ zhǎodào shén cìgěi　tā de cáinéng,
帮助他可以找到神赐给他的才能，
빵쭈타 커이 쟈오따오 선 츠게이 타더 차이넝,

xiǎngshòu zhège cáinéng
享受这个才能。
샹써우 쩌거 차이넝

- 재능 才能 [차이넝]
- 찾아내다 找到 [쟈오따오]
- 누리다/향유하다 享受 [샹써우]

자비를 베푸시고 마음을 위로하여 주세요.

qiú nín shīgěi　tā　cíbēi,　　ānwèi tā de xīn
求您施给他慈悲，安慰他的心。
치유닌 스게이타 츠베이, 안웨이 타더신

21 감사한 일이 있는 친구

하나님, 언제나 좋은 것으로 베풀어 주셔서 감사합니다.

shén a, gǎnxiè nín měicì dōu gěi wǒmen zuì hǎo de
神啊，感谢您每次都给我们最好的。

선아, 간씨에닌 메이츠 또우 게이 워먼 쭈이 하오더

하나님의 도우심과 인도하심을 감사합니다.

gǎnxiè shén de bāngzhù hé yǐndǎo
感谢神的帮助和引导。

간씨에선더 빵쭈허 인다오

이 일을 통해 하나님의 사랑을 더욱 알아가게 해 주셔서 감사합니다.

gǎnxiè nín, tōngguò zhè jiàn shìqing,
感谢您，通过这件事情，

간씨에닌, 퉁꿔 쩌찌엔 쓰칭,

ràng wǒ gèngjiā míngbai shén de ài
让我更加明白神的爱。

랑워 껑쟈 밍바이 선더 아이

하나님께 받은 사랑으로 이웃을 사랑하게 해 주세요.

yòng shén nàlǐ　dédào de　ài,　　qù ài　línshě
用神那里得到的爱，去爱邻舍。

융 선 나리 더따오더 아이, 취 아이 린서

- 받다/얻다 得到 [더따오]
- 이웃 邻舍 [린서]

22 결혼하는 친구   with

주님, 존이 결혼을 준비합니다.

zhǔa,　　　John　zhèngzài zhǔnbèi hūnlǐ
主啊，John 正在准备婚礼。

주아, 존 쩡짜이 준뻬이 훈리

- 결혼/결혼식 婚礼 [훈리]
- 결혼하다 结婚 [제훈]
- 준비하다 准备 [준뻬이]

인생의 새로운 걸음을 잘 준비하도록 도와주세요.

qiú nín bāngzhù tā, zhǔnbèi hǎo rénshēng xīn de kāishǐ
求您帮助他，准备好人生新的开始。

치유닌 빵쭈타, 준뻬이하오 런셩 신더 카이스

- 돕다/도움 帮助 [빵쭈]
- 시작하다/처음 开始 [카이스]

모든 걸음 가운데 하나님의 선하심을 누리게 해 주세요.

zài tā de měigè jiǎobù dāngzhōng,
在他的每个脚步当中，

짜이 타더 메이거 쟈오뿌 땅중,

dōunéng xiǎngshòu shén de císhàn
都能享受神的慈善。

또우넝 샹쎠우 선더 츠싼

- 걸음 脚步 [쟈오뿌]
- 누리다 享受 [샹쎠우]

믿음의 가정이 되게 해 주세요.

ràng tā de jiātíng chéngwéi xìnxīn de jiātíng
让他的家庭成为信心的家庭。

랑타더 쟈팅 쳥웨이 씬신더 쟈팅

- 믿음의 가정 信心的家庭 [씬신더 쟈팅]
- ~이 되다 成为 [쳥웨이]

신실하게 서로 아끼며 사랑하게 해 주세요.

ràng tāmen xìnshí de bǐcǐ xiāng'ài
让他们信实的彼此相爱。

랑 타먼 씬스더 비츠 샹아이

많은 언약의 자녀들을 허락해 주세요.

cìgěi tāmen hěnduō jìngqián de hòudài
赐给他们很多敬虔的后代。

츠게이 타먼 헌둬 찡쳰더 허우따이

- 하사하다/주다 赐给 [츠게이]

23 임신한 친구 ∽ with ∽

주님, 이 가정에 언약의 자녀를 주셔서 감사합니다.

zhǔa, gǎnxiè nín cìgěi zhège jiātíng zǐnǚ
主啊，感谢您赐给这个家庭子女。

주아, 간씨에닌 츠게이 쩌거 쟈팅 즈뉘

- 임신하다 怀孕 [화이원]

뱃속에 있는 아이가 건강하게 자라게 해 주세요.

ràng háizi zài mǔ fù lǐ jiànkāng de chéngzhǎng
让孩子在母腹里健康的成长。
랑 하이즈 짜이 무푸리 찌엔캉더 청장

- 건강하다 健康 [찌엔캉]
- 자라다 成长 [청장]

찬양과 기도로 아기를 기다리게 해 주세요.

ràng tāmen yòng zànměi hé dǎogào děngdài háizi de chūshēng
让他们用赞美和祷告等待孩子的出生。
랑 타먼 융 짠메이 허 다오까오 덩따이 하이즈더 추성

- 찬양하다 赞美 [짠메이]

산모에게도 건강을 주세요.

qiú nín cìgěi chǎnfù jiànkāng
求您赐给产妇健康。
치유닌 츠게이 찬푸 찌엔캉

- 산모 产妇 [찬푸]

24 출산을 준비 중인 친구

하나님, 리사가 출산을 준비 중입니다.

shén a, Lisa zhèngzài zhǔnbèi fēnmiǎn
神啊，Lisa 正在准备分娩。

선아, 리사 쩡야오 준뻬이 훤맨

- 출산하다 分娩 [훤맨]

아이와 산모 모두 건강하도록 도와주세요.

ràng háizi hé chǎnfù dōu néng jiànkāng
让孩子和产妇都能健康。

랑 하이즈 허 찬푸 또우 넝 찌엔캉

의사와 간호사들에게도 친절과 지혜를 주세요.

cìgěi yīshēng hé hùshi yǒuhǎo de xīn hé zhìhuì
赐给医生和护士友好的心和智慧。

츠게이 이성 허 후스 여우하오더 신 허 쯔후이

불안해하지 않고 평안한 가운데 순산할 수 있게 해 주세요.

búyào gǎndào bù'ān, zài píng'ān dāngzhōng kěyǐ shùnchǎn
不要感到不安，在平安当中可以顺产。

부야오 간따오 뿌안, 짜이 핑안당중 커이 쑨찬

- 평안하다 平安 [핑안]
- 순산하다 顺产 [쑨찬]

25 출산한 친구 with

하나님, 귀한 아이를 허락해 주셔서 감사합니다.

shén a, gǎnxiè nín cìgěi wǒmen bǎoguì de háizi
神啊，感谢您赐给我们宝贵的孩子。

선아, 간씨에닌 츠게이 워먼 빠오꾸이더 하이즈

- 소중한/귀한/보배로운 宝贵 [빠오꾸이]

하나님 말씀 안에서 키우도록 도와주세요.

ràng wǒmen yòng shén de huàyǔ yǎngyù tā
让我们用神的话语养育他。

랑 워먼 융 선더 화위 양위타

- 양육하다 养育 [양위]

산모에게 힘 주시고, 빠르게 회복할 수 있도록 도와주세요.

cìgěi chǎnfù lìliàng, bāngzhù tā hěnkuài de huīfù
赐给产妇力量，帮助她很快的恢复。

츠게이 찬푸 리량, 빵쭈타 헌콰이더 후이푸

- 빠르다 很快 [헌콰이]
- 회복하다 恢复 [후이푸]

산후 우울증 없이 지나게 해 주세요.

búyào ràng chǎnfù yǒu chǎnhòu yōuyùzhèng
不要让产妇有产后忧郁症。

부야오 랑 찬푸 여우 찬허우 여우위쩡

- 산후우울증 产后忧郁症 [찬허우 여우위쩡]

26 유산한 친구
≥ with ≤

주님, 리사가 아이를 유산했습니다.

zhǔa, Lisa liúchǎn le
主啊，Lisa 流产了。

주아, 리사 류찬러

- 유산하다 流产 [류찬]

아이의 죽음으로 큰 슬픔에 잠겨 있습니다.

yīnwèi háizi de sǐ, chénjìn zài tòngkǔ zhīzhōng
因为孩子的死，沉浸在痛苦之中。
인웨이 하이즈더 스, 천찐짜이 퉁쿠즈중

- 슬픔/고통/아픔 痛苦 [퉁쿠]
- 잠기다/빠지다 沉浸 [천찐]

오직 하나님만이 위로해 주실 수 있습니다.

zhǐyǒu shén cáinéng gěi tā ānwèi
只有神才能给她安慰。
즈여우 선 차이넝 게이타 안웨이

하나님의 은혜와 자비로 이 시간을 통과하게 해 주세요.

yòng shén de ēndiǎn hé cíbēi,
用神的恩典和慈悲，
융 선더 언디엔 허 츠베이,

ràng tā tōngguò zhège shíjiān
让她通过这个时间。
랑타 퉁꿔 쩌거 스지엔

- 통과하다 通过 [퉁꿔]

27 자녀 문제로 고민하는 친구

주님, 존이 자녀 문제로 고민이 많습니다.

zhǔa, John yīnwèi zǐnǚ wèntí hěn kǔnǎo
主啊，John 因为子女问题很苦恼。
주아, 존 인웨이 즈뉘원티 헌 쿠나오

- 고민하다 苦恼 [쿠나오]

아이가 학교에 잘 적응하지 못하는 것 같습니다.

tā de érzi hǎoxiàng bú tài shìyìng xuéxiào shēnghuó
他的儿子好像不太适应学校生活。
타더 얼즈 하오썅 부타이 쓰잉 쉐쌰오 썽훠

- 아들 儿子 [얼즈]
- 딸 女儿 [뉘얼]

학업에 열심을 내지 못하고 있습니다.

tā bùnéng yònggōng dúshū
他不能用功读书。
타 뿌넝 융궁 두수

- 노력하다/열심이다 用功 [융궁]
- 공부하다 读书 [두수]

사춘기를 지내면서 많이 혼란스러워합니다.

chǔzài qīngchūnqī, juéde hěn hùnluàn
处在青春期，觉得很混乱。
추짜이 칭춘치, 쥐더 헌 훈란

- 사춘기 青春期 [칭춘치]
- 혼란하다 混乱 [훈란]

서로에게 선한 영향을 미칠 수 있는 좋은 친구들을 만나게 해 주세요.

ràng tā kěyǐ yùdào, hùxiāng bāngzhù de hǎo péngyǒu
让他可以遇到，互相帮助的好朋友。
랑타 커이 위따오, 후샹 빵쭈더 하오 펑여우

사랑과 관심으로 도움을 줄 수 있는 선생님을 만나게 해 주세요.

ràng tā yùdào, kěyǐ yòng ài hé guānxīn,
让他遇到，可以用爱和关心，
랑타 위따오, 커이 융 아이 허 관신,

bāngzhù tā de lǎoshī
帮助他的老师。
빵쭈 타더 라오스

- 관심을 갖다 关心 [관신]

28 집을 방문하였을 때

하나님, 이 집을 축복해 주세요.

shénā, qiú nín cìfú yú zhège jiātíng
神啊，求您赐福于这个家庭。

선아, 치유닌 츠푸위 쩌거 쟈팅

이 집을 출입하는 모든 자에게 하나님의 은혜가 있게 해 주세요.

duìyú chūrù zhège jiā de suǒyǒurén,
对于出入这个家的所有人，

뚜이위 추루 쩌거쟈더 수어여우런,

dōunéng dédào shén de ēndiǎn
都能得到神的恩典。

또우넝 더따오 선더 언디엔

언제나 사랑과 은혜와 평강이 넘치게 해 주세요.

ràng shén de ài hé ēndiǎn, píng'ān chōngmǎn zhège jiā
让神的爱和恩典，平安充满这个家。

랑 선더 아이 허 언디엔, 핑안 충만 쩌거쟈

29 이사할 집을 구하는 친구

주님, 존이 이사할 집을 구하고 있습니다.

zhǔa, John zhèng zhǔnbèi zūfáng

主啊，John 正准备租房。

주아, 존 쩡 준뻬이 주황

좋은 환경과 이웃이 있는 곳으로 이사 가기를 원합니다.

tā xiǎng yào bāndào yǒu hǎo huánjìng hé hǎo línjū de dìfang

他想要搬到有好环境和好邻居的地方。

타 샹야오 반따오 여우 하오환찡 허 하오 린쥐더 띠황

- 이사하다 搬 [반]

친절한 집 주인을 만나기를 원합니다.

tā xiǎng yào yùdào yǒuhǎo de fángdōng

他想要遇到友好的房东。

타 샹야오 위따오 여우하오더 황뚱

겨울에는 따뜻하고 여름에는 시원한 집을 찾을 수 있게 해 주세요.

bāngzhù tā　kěyǐ　zhǎodào dōngnuǎnxiàliáng de jiā
帮助他可以找到冬暖夏凉的家。

빵쭈타 커이 쟈오따오 뚱놘쌰량 더 쟈

- 따뜻하다 暖 [놘]
- 덥다 热 [러]
- 시원하다 凉 [량]
- 춥다 冷 [렁]

하나님이 예비해 두신 집을 잘 찾아 이사할 수 있도록 도와주세요.

bāngzhù tā　kěyǐ　zhǎodào shén yùbèi　de　jiā
帮助他可以找到神预备的家。

빵쭈타 커이 쟈오따오 선 위뻬이더 쟈

- 예비하다 预备 [위뻬이]

⁂ 30 이사하는 친구 ⁂　　　with

하나님, 존이 이사를 합니다.

shéna,　　John　yào bānjiā
神啊, John 要搬家。

선아, 존 야오 빤쟈

새로운 환경과 이웃이 있는 새로운 집으로 이사를 갑니다.

bāndào xīn huánjìng hé xīn línjū de jiā
搬到新环境和新邻居的家。

반따오 신환찡 허 신린쥐더 쟈

아무런 사고 없이 순탄한 이사 과정이 되도록 도와주세요.

bāngzhù tā shùnlì de bānjiā
帮助他顺利的搬家。

빵쭈타 순리더 반쟈

좋은 날씨를 허락해 주세요.

cìgěi tā hǎo tiānqì
赐给他好天气。

츠게이타 하오 톈치

- 좋다 好 [하오]
- 날씨 天气 [톈치]

꽌시

多一个朋友，多一条路。
"친구가 하나 더 있으면 길이 하나 더 생긴다"

중국 사람들은 꽌시가 없는 사람이라면 굶어 죽든 얼어죽든 전혀 상관하지 않아요. 그러나 일단 꽌시가 형성된 사람이라면 간도 쓸개도 다 빼줄 정도로 잘해 줘요.

중국의 꽌시는 사실 제도적인 이유로 발생한 것인데, 중국의 관료중심적이고, 사회주의체제 속에서 시간과 비용을 절감하기 위해 발생한 것이 꽌시문화예요.

한국은 주로 혈연, 지연, 학연을 통해 이루어지지만, 중국은 서로 뜻이 맞거나 이해관계가 맞으면 자연스럽게 관계가 이루어져요. 꽌시를 맺은 사람의 사회적 수준이 자신의 사회적 수준이라고 생각하면 돼요.

꽌시는 서로의 이해관계로 시작되기 때문에 너무 일방적이거나, 의존적인 관계는 쉽게 깨어지게 돼요. 서로가 이익이 되는 관계가 좋으며, 상대방이 필요한 것을 해결해 주고 그에 상응하는 요구나 보상 등이 잘 제공되면 꽌시를 오래 유지할 수 있어요.

CHAPTER 5

왕초보, 외국인 친구에게
복음 전하기

神是爱

01 하나님은 어떤 분이신가

하나님은 말씀으로 온 세상을 창조하셨어요.

shén yòng huàyǔ chuàngzàole zhěnggè shìjiè
神用话语创造了整个世界。

선융 화위 촹짜오러 정거 쓰제

- 말/말씀 话语 [화위]
- 창조하다 创造 [촹짜오]

하나님은 그분의 영광을 위해서 당신과 나를 만드셨어요.

shén wèile zìjǐ de róngyào chuàngzàole nǐ hé wǒ
神为了自己的荣耀创造了你和我。

선 웨이러 쯔지더 룽야오 촹짜오러 니허워

- ~위하여 为了 [웨이러]
- 영광스럽다 荣耀 [룽야오]

하나님은 세상의 주인이세요.

shén shì shìjiè de zhǔrén
神是世界的主人。

선쓰 쓰제더 주런

하나님은 유일하신 참 하나님이세요.

shén shì wéiyī de zhēn shén
神是唯一的真神。

선쓰 웨이더 쩐선

- 유일한 唯一 [웨이]

하나님은 절대주권의 하나님이세요.

shén shì juéduì zhǔquán de shén
神是绝对主权的神。

선쓰 쥐뚜이 주췐더 선

- 절대의 绝对 [쥐뚜이]
- 주권 主权 [주췐]
- 128페이지의 〈하나님의 이름 부르기〉를 참고하세요.

모든 것은 하나님의 선하신 뜻에 따라 이루어져요.

suǒyǒu yíqiè dōu huì ànzhào shén de shànyì chéngjiù
所有一切，都会按照神的善意成就。

수어여우 이체, 또우 후이 안쟈오 선더 싼이 청찌유

- 선한 뜻 善意 [싼이]
- 이루어지다 成就 [청찌유]

하나님은 우리에게 영생을 약속하셨어요.

shén yùdìng le gěi wǒmen yǒngshēng
神预定了给我们永生。
선 위띵러 게이 워먼 융성

- 영생 永生 [융성]
- 미리 약속하다 预定 [위띵]

하나님은 거룩하신 분이에요.

shén shì shèngjié de shén
神是圣洁的神。
선쓰 썽제더 선

- 거룩하다/신성하다 圣洁 [썽제]

하나님은 우리의 죄를 용서하시고, 사해 주세요.

shén ráoshù wǒmen de zuì,   shèmiǎn wǒmen de zuì
神饶恕我们的罪，赦免我们的罪。
선 라오수 워먼더 쭈이, 써맨 워먼더 쭈이

- 용서하다 饶恕 [라오수]
- 사면하다 赦免 [써맨]

하나님은 우리가 회개하면 다 용서해 주세요.

wǒmen huǐgǎi de shíhou, shén huì ráoshù wǒmen
我们悔改的时候，神会饶恕我们。
워먼 후이가이더 스허우, 선후이 라오수 워먼

- 회개하다 悔改 [후이가이]

하나님은 사랑이세요.

shén shì ài
神是爱。
선쓰 아이

하나님은 죄인을 먼저 찾아오세요.

shén xiān zhǎodào zuìrén
神先找到罪人。
선 씨엔 쟈오따오 쭈이런

- 죄인 罪人 [쭈이런]
- 찾아오다 找到 [쟈오따오]

하나님은 값없이 은혜를 베푸세요.

shén wútiáojiàn de shīshě ēndiǎn
神无条件的施舍恩典。

선 우탸오찌엔더 쓰서 언디엔

- 값없이/아무 조건 없이 无条件 [우탸오찌엔]

구원은 사랑의 하나님이 거저 주시는 은혜의 선물이에요.

jiùshú shì shén wútiáojiàn jǐyǔ de ēndiǎn de lǐwù
救赎是神无条件给予的恩典的礼物。

찌유수 쓰 선 우탸오찌엔 지위더 언디엔더 리우

- 구원(하다) 救赎 [찌유수]

하나님은 당신에게 복과 안식을 주길 원하세요.

shén xīwàng gěi nǐ zhùfú hé ānxī
神希望给你祝福和安息。

선 시왕 게이니 쭈푸허 안시

- 축복(하다) 祝福 [쭈푸]
- 안식(하다) 安息 [안시]

나는 하나님을 사랑해요. 왜냐면 하나님이 나를 먼저 사랑하셨기 때문이에요.

wǒ ài shén, yīnwèi shén xiān ài le wǒ
我爱神，因为神先爱了我。
워 아이션, 인웨이 션 씨엔 아이러워

02 인간은 어떤 존재인가

하나님은 사람을 남자와 여자로 지으셨어요.

shén chuàngzàole nánrén hé nǚrén
神创造了男人和女人。
션 촹짜오러 난런 허 뉘런

하나님이 주신 복을 누리며 죽지 않고 영원히 살도록 창조하셨어요.

shén ràng tāmen xiǎngshòuzhe shén jǐyǔ de zhùfú,
神让他们享受着神给予的祝福，
션 랑 타먼 샹써우저 션 지위더 쭈푸,

yǒngyuǎn de huózhe
永远的活着。
융웬더 훠저

- 영원히 살다 永远的活着 [융웬더 훠저]

그런데 먹지 말라는 선악과를 먹고 죄인이 되었어요.

dànshì tāmen chīle shén bú ràng tāmen chī de
但是他们吃了神不让他们吃的
딴쓰 타먼 츠러 선 부랑타먼 츠더

shàn'è shù de guǒzi, chéngwéi le zuìrén
善恶树的果子，成为了罪人。
싼어쑤더 귀즈, 청웨이러 쭈이런

- 선악과 善恶果 [싼어궈]

아담 이래로 모든 사람은 죄인이에요.

cóng yàdāng kāishǐ, suǒyǒurén dōushì zuìrén
从亚当开始，所有人都是罪人。
충 야당 카이스, 수어여우런 또우쓰 쭈이런

모든 사람은 죽어요.

suǒyǒurén dōuhuì sǐ
所有人都会死。
수어여우런 또우후이 스

- 죽다 死 [스]

죽음은 죄의 결과예요.

sǐwáng shì zuì de jiéguǒ
死亡是罪的结果。
스왕쓰 쭈이더 제궈

사람은 자기 스스로를 구원할 수 없어요.

rén bùnéng zìjǐ jiùshú zìjǐ
人不能自己救赎自己。
런 부넝 쯔지 찌유수 쯔지

오직 믿음으로 구원받을 수 있어요.

zhǐyǒu tōngguò xìnxīn cáinéng déjiù
只有通过信心才能得救。
즈여우 퉁꿔 씬신 차이넝 더찌유

03 예수님 믿으세요

예수님은 하나님의 아들이세요.

yēsū shì shén de érzi
耶稣是神的儿子。

예수쓰 선더 얼즈

예수님은 우리를 죄에서 구원하기 위해 오셨어요.

yēsū wèile jiùshú wǒmen de zuì,
耶稣为了救赎我们的罪,

예수 웨이러 찌유수 워먼더 쭈이,

láidàole zhèige shìjie
来到了这个世界。

라이따오러 쩌거 쓰제

예수 그리스도는 우리를 대신해 십자가에서 죽으셨어요.

yēsū jīdū dàitì wǒmen, sǐzàile shízìjià shàng
耶稣基督代替我们，死在了十字架上。

예수 지두 따이티 워먼, 스짜이러 스쯔쨔상

- 십자가 十字架 [스쯔쨔]

예수님은 우리의 죗값을 대속해 주셨어요.

yēsū　dàishú le　wǒmen de zuìjià
耶稣代赎了我们的罪价。

예수 따이수러 워먼더 쭈이쨔

- 대속하다 代赎 [따이수]
- 죗값 罪价 [쭈이쨔]

예수님은 우리를 죄로부터 구속해 주셨어요.

yēsū　cóng zuì li　jiùshú le　wǒmen
耶稣从罪里救赎了我们。

예수 충 쭈이리 찌유수러 워먼

예수님은 하나님의 구원의 언약을 성취하셨어요.

yēsū　chéngjiù le shén de　jiùshú　yīngxǔ
耶稣成就了神的救赎应许。

예수 청찌유러 선더 찌유수 잉쉬

- 구원언약 救赎应许 [찌유수 잉쉬]

예수님은 죽음에서 부활하셨어요.

yēsū cóng sǐwáng li fùhuó le
耶稣从死亡里复活了。
예수 충 스왕리 푸훠러

- 부활하다 复活 [푸훠]

우리는 예수 그리스도 안에서 새 생명을 얻었어요.

wǒmen zài yēsū jīdū li dedào le xīn shēngmìng
我们在耶稣基督里得到了新生命。
워먼 짜이 예수지두리 더따오러 신썽밍

- 새 생명 新生命 [신썽밍]

우리는 예수 그리스도 안에서 거듭났어요.

wǒmen zài yēsū jīdū li chóngshēng le
我们在耶稣基督里重生了。
워먼 짜이 예수지두리 충썽러

- 거듭나다/중생하다 重生 [충썽]

믿음으로 구원받고 영생을 얻어요.

jièzhe　xìnxīn　déjiù,　　dé yǒngshēng ba
藉着信心得救，得永生吧。
찌저 씬신 더찌유, 더 융성바

구원은 결코 취소되지 않아요.

jiùshú　juéduì　búhuì　bèi　qǔxiāo de
救赎绝对不会被取消的。
찌유수 쥐뚜이 부후이 뻬이 취샤오더

- 취소되지 않다/취소될 수 없다　不会被取消　[부후이 뻬이 취샤오]

성도는 죽음을 두려워하지 않아요.

shèngtú búzài　hàipà　sǐwáng
圣徒不再害怕死亡。
성투 부짜이 하이파 스왕

- 두려워하지 않다　不再害怕　[부짜이 하이파]

예수님 믿고 구원받으세요.

xìn　yēsū　déjiù　bā
信耶稣得救吧。
씬 예수 더찌유바

예수님 믿고 천국 가세요.

xìn yēsū qù tiānguó bā
信耶稣去天国吧。
씬 예수 취 톈궈바

- 믿다 信 [씬]
- 천국 天国 [톈궈]

예수님은 세상의 빛이세요.

yēsū shì shìshàng de guāng
耶稣是世上的光。
예수쓰 쓰상더 광

04 회개하세요

믿고, 회개하세요.

xiāngxìn bìng huǐgǎi bā
相信并悔改吧。
샹씬 삥 후이가이바

당신의 죄를 회개하세요.

huǐgǎi nǐ de zuì bā
悔改你的罪吧。

후이가이 니더 쭈이바

당신의 죄로부터 돌아서세요.

cóng nǐ de zuì zhuǎnhuí bā
从你的罪转回吧。

충 니더 쭈이 좐후이바

- 돌아서다 转回 [좐후이]

하나님이 용서해 주실 거예요.

shén huì ráoshù nǐ de
神会饶恕你的。

선 후이 라오수 니더

당신의 구원주이신 예수 그리스도를 믿으세요.

yào xiāngxìn yēsū jīdū shì nǐ de jiùshúzhǔ
要相信耶稣基督是你的救赎主。

야오 샹씬 예수지두쓰 니더 찌유수주

- 구원주 救赎主 [찌유수주]

값없이 받는 영생의 선물을 받으세요.

lái jiēshòu miǎnfèi de de yǒngshēng de lǐwù bā
来接受免费的得永生的礼物吧。
라이 제써우 몐페이더 더융성더 리우바

- 영생의 선물 永生的礼物 [융성더 리우]

05 천국 소망으로 살아요

당신은 하나님의 자녀예요.

nǐ shì shén de érnǚ
你是神的儿女。
니쓰 션더 얼뉘

하나님의 자녀는 죽어서 천국에 가요.

shén de zǐnǚ sǐhòu huì qù tiānguó
神的子女死后会去天国。
션더 즈뉘 스허우 후이 취 톈궈

천국은 눈물과 슬픔이 없는 곳이에요.

tiānguó méiyǒu yǎnlèi hé shāngxīn
天国没有眼泪和伤心。

톈궈 메이여우 옌레이 허 쌍신

- 눈물 眼泪 [옌레이]
- 슬픔/상심(하다) 伤心 [쌍신]
- 없다 没有 [메이여우]

하나님의 자녀는 천국의 소망을 가지고 살아요.

shén de zǐnǚ yǒu tiānguó de pànwàng
神的子女有天国的盼望。

선더 즈뉘 여우 톈궈더 판왕

- 소망(하다) 盼望 [판왕]

하나님의 자녀는 교회에서 하나님께 예배드려요.

shén de zǐnǚ zài jiàohuì jìngbài shén
神的子女在教会敬拜神。

선더 즈뉘 짜이 쨔오후이 찡빠이선

- 예배드리다 敬拜 [찡빠이]

하나님의 자녀는 하나님의 말씀인 성경을 읽어요.

shén de　zǐnǚ　　dú shén de　huàyǔ　　shèngjīng
神的子女读神的话语-圣经。
선더 즈뉘 두 선더 화위-썽징

하나님의 자녀는 하나님의 영광을 위해 살아요.

shén de　zǐnǚ　　wèile　shén de　róngyào ér shēnghuó
神的子女为了神的荣耀而生活。
선더 즈뉘 웨이러 선더 룽야오 얼 썽훠

오직 하나님께 예배드려요.

zhǐ　jìngbài shén
只敬拜神。
즈 찡빠이 선

주님을 찬양해요.

zànměi zhǔ
赞美主。
짠메이 주

> • 찬양하다　赞美 [짠메이]

06 복음 전하기 상황 1: 사람은 모두 죽어요

- 복음 福音 [푸인]

우리 모두는 언젠가 죽어요.

wǒmen zǎowǎn dōuhuì sǐ
我们早晚都会死。
워먼 자오완 또우 후이 스

왜냐하면 우리는 모두 죄인이기 때문이에요.

yīnwèi wǒmen dōushì zuìrén
因为我们都是罪人。
인웨이 워먼 또우쓰 쭈이런

그런데 하나님은 당신을 사랑하세요.

dànshì shén ài nǐ
但是神爱你。
딴쓰 선 아이 니

하나님이 죄인들에게 예수 그리스도를 보내 주셨어요.

shén wèile zuìrén,   chāiqiǎn le yēsū jīdū
神为了罪人，差遣了耶稣基督。

선 웨이러 쭈이런, 차이첸러 예수지두

예수님은 당신의 죄를 대신해서 십자가에서 돌아가셨어요.

Yēsū   dàitì le   nǐ de zuì,   zài shízìjià shàng shòusǐ
耶稣代替了你的罪，在十字架上受死。

예수 따이티러 니더쭈이, 짜이 스쯔쨔샹 셔우스

- 대신하다 代替 [따이티]

누구든지 예수 그리스도를 믿으면 구원받아요.

wúlùnshì   shuí, zhǐyào xìn yēsū jīdū jiùnéng déjiù
无论是谁，只要信耶稣基督就能得救。

우룬쓰 쉐이, 즈야오 씬 예수지두 찌유넝 더찌유

- 믿다 信 [씬]
- 구원받다 得救 [더찌유]

누구든지 예수님 믿으면 죽은 후에 천국에서 영원히 살아요.

wúlùnshì shuí, zhǐyào xìn yēsū,
无论是谁，只要信耶稣，
우룬쓰쉐이, 즈야오 씬 예수,

sǐhòu jiù kěyǐ zài tiānguó yǒngyuǎn shēnghuó
死后就可以在天国永远生活。
스허우 찌유 커이 짜이 텐궈 융웬 셩훠

나는 당신이 하나님을 믿고 나와 함께 천국에 가면 좋겠어요.

wǒ xīwàng nǐ yě néng xiāngxìn shén,
我希望你也能相信神，
워 시왕 니예넝 샹씬선,

hé wǒ yìqǐ qù tiānguó
和我一起去天国。
허워 이치 취 텐궈

- 함께/같이 一起 [이치]

07 복음 전하기 상황 2: 사는 게 힘들어요

사는 게 참 힘들어요.

huózhe zhēn lèi
活着真累。
훠저 쩐 레이

이렇게 힘들게 사는 인생의 끝이 뭘까요?

zhème lèi de rénshēng, jìntóu huì shì shénme ne
这么累的人生，尽头会是什么呢?
쩌머 레이더 런성, 찐터우 후이쓰 선머너

고생하다가 결국 죽어요.

xīnkǔ dào zuì hòu, jiéguǒ dōu huì sǐ
辛苦到最后，结果都会死。
신쿠 따오 쭈이 허우, 제궈 또우 후이 스

당신도, 나도, 우리 모두 죽어요.

nǐ, wǒ, suǒyǒurén dōu huì sǐ
你，我，所有人都会死。
니, 워, 수어여우런 또우 후이 스

사람이 죽어서 가는 곳은 천국 아니면 지옥이에요.

rén sǐhòu, qù de dìfang búshì tiānguó jiùshì dìyù
人死后，去的地方不是天国就是地狱。
런 스허우, 취더 띠황 부쓰 톈궈 찌유쓰 띠위

- 천국 天国 [톈궈]
- 지옥 地狱 [띠위]

고생하다 죽어서 지옥까지 가면 억울하지 않을까요?

xīnkǔ yíbèizi, sǐhòu háiqù dìyù,
辛苦一辈子，死后还去地狱，
신쿠 이뻬이즈, 스허우 하이취 띠위,

bù juéde yuānwang ma
不觉得冤枉吗?
뿌죄더 웬왕마

- 고생스럽다 辛苦 [신쿠]
- 억울하다 冤枉 [웬왕]

하지만 예수님을 믿는 자에게는 소망이 있어요.

dànshì xìn yēsū de rén yǒu pànwàng
但是信耶稣的人有盼望。
딴쓰 씬 예수더 런 여우 판왕

그리스도 안에서 얻는 영생이 있어요.

zài jīdū lǐ kěyǐ dédào yǒngshēng
在基督里可以得到永生。

짜이 지두리 커이 더따오 용셩

> • 영생(하다) 永生 [용셩]

그 소망은 천국 영생이에요.

zhège pànwàng jiùshì yǒngshēng
这个盼望就是永生。

쩌거 판왕 찌유쓰 용셩

예수님을 믿으면 천국만 가는 것이 아니라, 이 세상을 살면서 복도 받아요.

xìn yēsū bùjǐn kěyǐ qù tiānguó,
信耶稣不仅可以去天国,

씬 예수 뿌진 커이 취 톈궈,

zài zhè shìshàng yěhuì défú
在这世上也会得福。

짜이 쩌 쓰상 예후이 더푸

> • 복받다 得福 [더푸]

믿는 사람은 하나님의 사랑과 복을 받아요.

xiāngxìn de rén huì dédào shén de ài hé zhùfú
相信的人会得到神的爱和祝福。

샹쎈더 런 후이 더따오 선더 아이 허 쭈푸

하나님의 자녀는 그분 안에서 복과 안식과 평강을 얻어요.

shén de zǐnǚ zài shén lǐmiàn dédào zhùfú,
神的子女在神里面得到祝福，

선더 즈뉘 짜이 선리맨 더따오 쭈푸,

ānxī hé píng'ān
安息和平安。

안시 허 평안

하나님이 주시는 복이 무엇인지는 성경 말씀이 가르쳐 줘요.

shèngjīng huì gàosu wǒmen, shén gěi de zhùfú shì shénme
圣经会告诉我们，神给的祝福是什么。

쎵징 후이 까오수 워먼, 선 게이더 쭈푸 쓰 선머

그 복의 근원은 예수 그리스도세요.

zhège fú de gēnyuán jiùshì yēsū jīdū
这个福的根源就是耶稣基督。

쩌거 푸더 건웬 찌유쓰 예수지두

08 복음 전하기 상황 3: 천국은 어떻게 가나요

천국에 대해서 들어 봤나요?

nǐ tīngshuōguò tiānguó ma
你听说过天国吗？

니 팅숴궈 톈궈마

천국은 슬픔과 고통 없이 영원히 행복하게 사는 곳이에요.

tiānguó méiyǒu shāngxīn, tòngkǔ,
天国没有伤心，痛苦，

톈궈 메이여우 상신, 퉁쿠,

shì yǒngyuǎn xìngfú de dìfang
是永远幸福的地方。

쓰 융웬 씽푸더 띠황

- 영원히 永远 [융웬]
- 행복(하다) 幸福 [씽푸]

천국은 어떻게 가는지 아세요?

nǐ zhīdào zěnyàng cáinéng qù tiānguó ma
你知道怎样才能去天国吗？

니 쯔따오 전양 차이넝 취 톈궈마

천국은 돈, 힘, 실력, 노력으로 가는 곳이 아니에요.

tiānguó bùnéng tōngguò qián, lìliàng, shílì, nǔlì qù
天国不能通过钱，力量，实力，努力去。

톈궈 뿌넝 퉁궈 첸, 리량, 스리, 누리 취

얻어내거나, 자격이 있어서 받는 것이 아니에요.

búshì zhēngqǔ de, yě búshì yǒu zīgé cáinéng dédào de
不是争取的，也不是有资格才能得到的。

부쓰 정취더, 예부쓰 여우 즈거 차이넝 더따오더

왜냐하면 우리 죄 때문이에요.

yīnwèi wǒmen de zuì
因为我们的罪。

인웨이 워먼더 쭈이

사람은 죄인이에요.

rén dōushì zuìrén
人都是罪人。

런 또우쓰 쭈이런

사람은 스스로를 구원할 수 없어요.

rén bùnéng zìjǐ jiùshú zìjǐ
人不能自己救赎自己。

런 뿌넝 쯔지 찌유수 쯔지

하나님의 아들, 예수 그리스도께서 우리를 구원하기 위해 이 땅에 오셨어요.

shén de érzi yēsū jīdū wèile jiùshú wǒmen
神的儿子耶稣基督为了救赎我们

선더 얼즈 예수지두 웨이러 찌유수 워먼

láidào le zhège shìjiè
来到了这个世界。

라이따오러 쩌거 쓰제

예수 그리스도를 믿는 자는 누구든지 천국에 갈 수 있어요.

xiāngxìn yēsū jīdū de rén,
相信耶稣基督的人，

샹씬 예수지두더 런,

wúlùn shì shuí dōunéng qù tiānguó
无论是谁都能去天国。

우룬 쓰 쉐이 또우넝 취 톈궈

- 천국 가다 去天国 [취 톈궈]

왜냐하면 예수님이 우리 대신 십자가에서 죗값을 치르셨기 때문이에요.

yīnwèi yēsū dàitì wǒmen zài shízìjià shàng,
因为耶稣代替我们在十字架上,
인웨이 예수 따이티 워먼 짜이 스쯔쨔상,

zhīfù le zuì jià
支付了罪价。
즈푸러 쭈이쨔

천국은 공짜에요.

tiānguó shì miǎnfèi de
天国是免费的。
톈궈쓰 맨페이더

- 무료의 免费 [맨페이]

영생은 값없이 받는(공짜) 선물이에요.

yǒngshēng shì miǎnfèi dédào de lǐwù
永生是免费得到的礼物。
융성쓰 맨페이 더따오더 리우

- 선물 礼物 [리우]

09 복음 전하기 상황 4: 하나님은 당신을 사랑하세요

하나님은 자비로우세요.

shén shì cíbēi de shén
神是慈悲的神。

선쓰 츠베이더 선

- 자비 慈悲 [츠베이]

하나님은 당신을 사랑하세요.

shén ài nǐ
神爱你。

선 아이 니

하나님은 공의로우세요. 그래서 반드시 죄를 벌하세요.

shén shì gōngyì de shén suǒyǐ yídìng huì chéngfá zuì
神是公义的神。所以一定会惩罚罪。

선쓰 궁이더 선. 수어이 이띵 후이 청파 쭈이

- 공의롭다 公義 [궁이]
- 죄를 벌하다 懲罰罪 [청파 쭈이]

210

그러나 하나님은 우리를 벌하기를 기뻐하지 않으세요.

dànshì shén bùxiǎng chéngfá wǒmen
但是神不想惩罚我们。
딴쓰 선 뿌샹 청파 워먼

예수 그리스도께서 우리에게 새 생명을 주시기 위해 이 땅에 오셨어요.

yēsū jīdū wèile gěi wǒmen xīn shēngmìng,
耶稣基督为了给我们新生命，
예수지두 웨이러 게이 워먼 신썽밍,

láidào le zhège shìjiè
来到了这个世界。
라이따오러 쩌거 쓰제

예수 그리스도는 우리의 죄를 지고 십자가에서 돌아가셨어요.

yēsū jīdū dāndāng le wǒmen de zuì,
耶稣基督担当了我们的罪，
예수지두 딴당러 워먼더 쭈이,

zài shízìjià shàng shòu sǐ
在十字架上受死。
짜이 스쯔쨔상 써우스

예수 그리스도는 죽음에서 부활하셔서, 우리에게 영원한 생명을 주셨어요.

yēsū jīdū cóng sǐwángzhōng fùhuó, gěi le wǒmen yǒngshēng
耶稣基督从死亡中复活，给了我们永生。

예수지두 충 스왕중 푸훠, 게이러 워먼 융성

영생은 믿는 자에게 주어지는 값없는 선물이에요.

yǒngshēng shì cìgěi xìnzhě de miǎnfèi de lǐwù
永生是赐给信者的免费的礼物。

융성쓰 츠게이 씬저더 맨페이더 리우

믿음으로 당신은 구원받을 수 있어요.

yīnzhe xìnxīn, nǐ kěyǐ déjiù
因着信心，你可以得救。

인저 씬신, 니 커이 더찌유

오직 예수 그리스도를 통해서만 하나님의 사랑으로 나아갈 수 있어요.

zhǐnéng tōngguò yēsū jīdū, cáinéng zǒuxiàng shén de ài
只能通过耶稣基督，才能走向神的爱。

즈넝 퉁귀 예수지두, 차이넝 조우쌍 선더 아이

CHAPTER 6

왕초보, 외국인 친구에게
마음 표현하기

谢谢

01 하나님께 감사하기

하나님의 은혜예요.

shén shì ēndiǎn
神是恩典。
선쓰 언디엔

- 은혜 恩典 [언디엔]
- 뜻 旨意 [즈이]
- 자비 慈悲 [츠베이]
- 섭리 护理 [후리]

하나님이 도우셨어요.

shén bāngzhù le wǒmen
神帮助了我们。
선 빵쭈러 워먼

하나님께 감사드려요.

gǎnxiè shén
感谢神。
간씨에선

하나님 감사합니다.

shéna, gǎnxiè nín
神啊，感谢您！
선아 간씨에닌

하나님을 찬양하라!

yào zànměi shén
要赞美神！
야오 짠메이 선

02 고마움 표하기

도와줘서 고마워요.

xièxie nǐ de bāngzhù
谢谢你的帮助。
씨에씨에 니더 빵쭈

알려 줘서 고마워요.

xièxie nǐ gàosù le wǒ
谢谢你告诉了我。

씨에씨에 니 까오수러 워

도움이 되어서 제가 기뻐요.

néng bāng dào nǐ wǒ hěn gāoxìng
能帮到你我很高兴。

넝 빵따오니 워헌 까오씽

제가 좋아서 하는 거예요.

zhè shì wǒ de róngxìng
这是我的荣幸。

쩌스 워더 룽씽

언제든지요.

suíshí
随时。

수이스

03 축하하기

생일 축하해요!

shēngrìkuàilè
生日快乐!
썽르 콰이러

세례 축하해요!

zhùhè nǐ jiēshòu xǐlǐ
祝贺你接受洗礼!
쭈허니 제써우 시리

- 축하하다 祝贺 [쭈허]

대학 입학 축하해요!

zhùhè nǐ kǎoshàng dàxué
祝贺你考上大学!
쭈허니 카오쌍 따쉐

시험 합격 축하해요!

zhùhè nǐ kǎoshì hégé
祝贺你考试合格!

쭈허니 카오쓰 허거

결혼 축하해요!

zhùhè jiéhūn
祝贺结婚!

쭈허 제훈

승진 축하해요!

zhùhè shēngzhí
祝贺升职!

쭈허 씽즈

대견하시겠어요!

hěn zìháo ba
很自豪吧!

헌 쯔하오바

축하해요, 내가 다 기뻐요.

zhùhè nǐ　　wǒ yě hěn kāixīn
祝贺你，我也很开心。
쭈허니, 워예헌 카이신

04 슬픔 / 조의 표하기

조의를 표합니다, 마음이 아프네요.

wǒ hěn yíhàn,　　wǒ hěn shāngxīn
我很遗憾，我很伤心。
워헌 이한, 워헌 상신

마음이 정말 아프네요.

wǒ hěn xīntòng
我很心痛。
워헌 신통

필요한 게 있으면 알려 줘요.

yǒu xūyào de, qǐng gàosu wǒ
有需要的，请告诉我。

여우 쉬야오더, 칭 까오수워

05 죽음 알리기

죽었어요.

tā sǐ le
他死了。

타 스러

돌아가셨어요.

tā qùshì le
他去世了。

타 취스러

천국에서 하나님과 있어요.

tā   qù le   tiānguó,   hè shén zài   yìqǐ
他去了天国，和神在一起。
타 취러 톈궈, 허선 짜이 이치

주님이 천국 집으로 데려가셨어요.

zhǔ dài tā   qù le   tiānguó de jiā
主带他去了天国的家。
주 따이타 취러 톈궈더 쟈

06 사과하기

미안해요.

duìbùqǐ
对不起。
뚜이부치

내 잘못이에요.

shì wǒ de cuò
是我的错。

쓰 워더 춰

내 실수예요.

shì wǒ de shīwù
是我的失误。

쓰 워더 스우

일부러 그런 건 아니에요.

wǒ búshì gùyì de
我不是故意的。

워 부쓰 꾸이더

용서해 주세요.

qǐng ráoshù wǒ
请饶恕我。

칭 라오수 워

07 용서하기

용서할게요.

wǒ yuánliàng nǐ le
我原谅你了。
워 웬량 니러

괜찮아요.

méi guānxi
没关系。
메이 꽌시

걱정하지 마요.

bùyào dānxīn
不要担心。
부야오 딴신

당신 잘못이 아니에요.

búshì nǐ de cuò
不是你的错。
부쓰 니더 춰

잊어요.

wàngjì ba
忘记吧。
왕찌바

08 그리움 표하기

보고 싶었어요.

wǒ xiǎngnǐle
我想你了。
워 샹니러

- 보고싶다/그리워하다 想 [샹]

보고 싶을 거예요.

wǒ huì xiǎng nǐde
我会想你的。
워 후이 샹니더

내가 언젠가 한 번 놀러 갈게요.

wǒ xīwàng néng zhǎogě shíjiān qù bàifǎng nǐ
我希望能找个时间去拜访你。

워 시왕 넝 쟈오거 스지엔 취 빠이황니

기도노트
Prayer List

信耶稣得救吧

기도노트
Prayer List

信耶稣得救吧

왕초보, 외국인 친구에게 중국어로 전도하기

초판 1쇄 발행 | 2017년 6월 10일

지은이 | 이시몬, 김영욱
펴낸이 | 김영욱
발행처 | TnD북스

출판신고 제315-2013-000032호(2013. 5. 14)
서울특별시 강서구 수명로2길 105, 518-503
대표번호 (02)2667-8290
홈페이지 www.tndbooks.com
이메일 tndbooks@naver.com

ISBN 979-11-950475-8-1 03230
ⓒ 김영욱

- All rights reserved. No part of this publication my be reproduced, stored in a retrieval system or transmitted in any form or by any menas, without the propr written permission of the publisher.
- Illustrations made by Freepik.
- 이 책의 저작권은 TnD북스에 있습니다.
- 저작권법에 의하여 보호를 받는 저작물이므로 무단 전재와 복제를 금합니다.
- 이 도서의 국립중앙도서관 출판시도서목록(CIP)은 서지정보유통지원시스템 홈페이지(http://seoji.nl.go.kr)와 국가자료공동목록시스템(http://www.nl.go.kr/kolisnet)에서 이용하실 수 있습니다(CIP제어번호: CIP2017012643).

信耶稣得救吧

信耶稣得救吧